未来的通行证

——基于专项证书制度的教育探索

刘爱国　等　编著

上海教育出版社
SHANGHAI EDUCATIONAL
PUBLISHING HOUSE

目　　录

序　　　　　　　　　　　　　　　　　　　　　　　　　　　　　1

第四期上海市普教系统"名校长名师培养工程""攻关计划"刘爱国攻关基地
及成员简介　　　　　　　　　　　　　　　　　　　　　　　1

第一章　基于专项证书制度的评价探索　　　　　　　　　　　　1
　　第一节　教育综合评价改革的新探索　　　　　　　　　　　1
　　第二节　以专项证书制为支点的新中方案　　　　　　　　　6
　　第三节　在"攻关"共同体中发展专项证书制　　　　　　　11

第二章　专项证书:综合素质评价的校本操作实践　　　　　　　16
　　第一节　专项证书:源起、流变与认识　　　　　　　　　　16
　　第二节　新中专项证书的实践探索　　　　　　　　　　　　19
　　第三节　专项证书的深化与发展　　　　　　　　　　　　　26

第三章　诚信证书评价助力完善学生美好品格　　　　　　　　　30
　　第一节　开展诚信证书评价的意义　　　　　　　　　　　　30
　　第二节　诚信证书评价的实践探索　　　　　　　　　　　　34
　　第三节　诚信证书评价的成效、反思与展望　　　　　　　　42

第四章　对基于"阅读之星"专项证书的综合素质评价的思考与实践　46
　　第一节　综合素质评价视角下的"阅读之星"专项证书的缘起　46
　　第二节　综合素质评价视角下的"阅读之星"专项证书的实践　50
　　第三节　综合素质评价视角下的"阅读之星"专项证书的成效和反思　57

第五章　小园艺师证:劳动教育评价的思考与尝试　65

第一节　搭建"百草园",栽培"园艺师"　66

第二节　证书指方向,劳动促成长　76

第三节　收获与反思　78

第六章　基于交通安全证的实践评价思考　81

第一节　交通安全证的缘起　81

第二节　交通安全证的实践　85

第三节　交通安全证的成效及思考　91

第七章　生涯发展证的实践探索　98

第一节　生涯发展证的缘起　98

第二节　生涯发展证的实践探索　102

第三节　生涯发展证的现实意义与未来发展　113

第八章　基于职业体验证书的评价实践探索　116

第一节　职业体验证书的实施背景　116

第二节　职业体验证书的实施策略　121

第三节　职业体验证书的实施成效　127

第九章　基于社会实践证评价实施的研究　130

第一节　社会实践证评价实施的背景意义　130

第二节　社会实践证评价实施的实践探索　133

第三节　社会实践证评价实施的成效和反思　146

第十章　基于教育评价改革的育人反思与展望　151

第一节　专项证书制度教育探索初步成果　151

第二节　教育评价改革和中国教育现代化的展望　153

序

　　《未来的通行证——基于专项证书制度的教育探索》一书即将问世，这是我们团队历时三年的学习、研究、探索与实践的攻关成果，也是团队集体智慧的结晶。作为基地主持人，在欣慰之余，也想借此机会表达一下自己的心声。

　　我们这个团队除了基地校上海市新中高级中学之外，还有其他八所学校。在这些学校中，有上海市实验性示范性高中，有正在建设上海市特色高中的百年老校，有在区域有一定影响的区实验性示范性高中，有义务教育九年一贯制学校，有公办初中强校工程实验学校，还有民办的国际教育双语学校，几乎包括了上海目前各种类型的初、高中学校。也正因如此，在基地的攻关项目——"建立专项证书制度，开展学生综合素质评价"的探索与实践中，我们一直关注并致力于破解的一个问题是：如何使我们团队这一攻关实践既具有办学育人规律方面的共性，又具有不同校情学校的个性特点，力求使这一项目及其成果具有一定的可复制性和可推广性。

　　关于这一项目的具体内容、实践过程及其成果，因书中有具体介绍，此处不再赘述。我想说的是，在我们基地为期三年的探索与实践中，最令人难忘的两件事。

　　其一是刚刚过去的 2020 年，我们遭遇了一场突如其来的新冠肺炎疫情，使学校不少教育活动不得不按下了"暂停键"，但即使是在这样的情势下，我们的基地活动依然没有停止。网络时代为我们提供了线上学习、交流和研讨的条件，在这场没有硝烟的战"疫"中，我们团队的每一位成员进一步认识到了生命教育、科学教育、心理健康教育、爱国主义和集体主义教育的重要性和迫切性。然而审视当前的学校教育，这方面的真正落地实施，尚有不尽如人意之处。人的现代化离不开人与人、人与自然、人与社会的和谐共处，更离不开"人之为人"基本素养的教育和保障。如何营造一个良好的教育生态，如何进一步完善我们的专项证书制度教育，更好地以教育评价促进和引导学生这些素养的形成、发展，是时代赋予我们教育工作者义不容辞的担当与使命。

　　其二是在我们团队的攻关过程中，中共中央、国务院印发了《深化新时代教育评价改革总体方案》，这是新中国成立以来第一个关于教育评价系统性改革的文件，对全面贯彻德智体美劳五育并举的教育方针，树立科学发展观、人才成才观和选人用人观等都具有划时代的重要意义。同时这也进一步坚定了我们攻关团队为攻克教育评价这一世界性、历史性和实践性难题而继续迎难而上、勇于探索的信心。也正因如此，我们把本书的撰写过程当作是一次再学习、再提高的过程，力争能交出一张比较令人满意的答卷。

走笔至此，回顾与基地其他同事互相学习、合力攻关的经历，我由衷地感谢我们团队的每一位成员。他们来自不同学校，身为校长，平时的工作十分繁忙，"工学矛盾"是无法避免的，但是大家都克服了种种困难，用心、用情、用力地投入到我们共同的事业中。他们所在的学校在教育评价改革中脚踏实地而勇于创新的探索，丰富并完善了我们基地专项证书制度教育的理论和实践。同时，成员校在特色学校建设、学校历史传统的传承发展等方面，对基地校新中高级中学的办学育人工作也有不少启发和帮助。因此，我们团队合力攻关的同时，也在努力探索基地校和成员校共同提高和发展的路径，并取得了双赢的可喜结果。

三年来，我们的探索与实践得到了市、区教育界的领导、专家和同行们的热忱关心、支持和帮助，在此谨致以衷心的感谢。

本书由刘爱国制定全书的结构框架并对书稿进行统整。第一章和第十章由新中高级中学刘爱国执笔，第二章由新中高级中学张来春执笔，第三章由澄衷高级中学潘红星执笔，第四章由澄衷初级中学王菁执笔，第五章由虹口区教育学院附属中学周荣辉执笔，第六章由华灵学校袁璧川执笔，第七章由虹口区教育学院实验中学全迅执笔，第八章由上海市第五中学李西双执笔，第九章由通河中学何敏执笔。上海市师资培训中心宁彦峰老师、上海韬奋纪念馆王嫣斐老师、上海教育出版社茶文琼老师对本书的成书和出版给予了大力支持和帮助，在此一并表示衷心的感谢。

综合素质评价是学校教书育人工作的重要环节，教育评价改革对学校切实转变教育观念和育人方式，促进学生全面而有个性地发展具有重要意义和积极作用。《未来的通行证——基于专项证书制度的教育探索》即将成书，然而教育评价改革任重道远，我们将永远不懈求索，砥砺前行。

刘爱国
上海市特级校长、基地主持人
2021 年 8 月

第四期上海市普教系统"名校长名师培养工程""攻关计划"刘爱国攻关基地及成员简介

第四期上海市普教系统"名校长名师培养工程""攻关计划"刘爱国攻关基地建于2018年。基地设在上海市新中高级中学,这是一所现代化寄宿制高中,是上海市首批实验性示范性高中,也是上海市文明单位、文明校园,是一所具有近百年历史的"老校"。学校在学科建设、教学研究、师资建设、评价改革等方面积极开展实践探究,努力践行立德树人的使命,是校长进修的理想场所。

基地共有8名学员,分别是上海市澄衷高级中学、上海市通河中学、上海市澄衷初级中学、上海市华灵学校、上海市虹口区教育学院附属中学、上海市虹口区教育学院实验中学、上海市第五中学、上海青浦平和双语学校这些学校的校长。基地校与成员校由此建立了合力攻关的校长专业共同体。这一"共同体"学校中,有上海市实验性示范性高中,有正在建设上海市特色高中的百年老校,有在区域有一定影响的高级中学,有义务教育九年一贯制学校,有公办初中"强校工程"学校,还有民办的国际教育双语学校,几乎包括了上海目前各种类型的初、高中学校,具有一定的广泛性和代表性。

共同体围绕基地攻关课题"建立专项证书制度,开展学生综合素质评价的实践与研究",通过实地考察、专题研讨等形式加强相互间的交流学习。在课题实施过程中,基地校上海市新中高级中学除了在课题研究内容"学生综合素质的培养和评价"外,在德育工作、课程建设、教师专业发展等方面也给成员校有所帮助和启发,发挥了基地校和上海市实验性示范性高中的示范和引领作用。同时,成员校在特色学校建设、学校历史传统的传承等方面,也给基地校的办学育人工作以启发,从而探索基地校与成员校之间的共同提高和发展之路。

基地的探索实践既具有办学育人规律方面的共性,又具有各校校情不同的个性特点,这也使得基地的实践探索及其成果具有一定的多元性、可复制性和可推广性。

刘爱国

基地主持人

上海市新中高级中学校长

上海市特级校长，上海市正高级教师，上海市"园丁奖"获得者，中国高等教育学会教育数学专业委员会副秘书长，上海市第四期"双名工程"攻关基地主持人。

刘爱国牢记育人使命，贯彻落实"立德树人"的教育根本任务，以新中高级中学多年的教育实践为基础，传承老一辈新中人的办学思想，与时俱进地提出了"奠基终身发展的教育"的办学理念。

刘爱国把德育工作落实到教育教学的各个环节，形成全员、全程、全方位的大德育体系和育人氛围。学校不断完善德育课程设计，加强德育学科渗透，致力于探索新形势下的学校德育工作，积极开展"新中坚力量"学生志愿者服务，进行"行走的教室"暑期研究性学习社会实践。

刘爱国致力于课程教学改革，撰写了《课程是一粒种子》等教学专著，指导学校的课程建设，构建了"奠基终身发展"的新中课程体系。以"学习新课标，研究新教材，聚焦新课堂"为抓手，坚持十余年，把常态化的课堂教学研究与时俱进地引向深入。

刘爱国注重教师队伍建设，切实推进教师专业发展。学校制定并实施了《新中高级中学教师发展五年规划》。近年来，学校两名教师分别被评为特级校长和特级教师，六名教师被评为区学科带头人，四名青年教师在全国和上海市的教学比赛中荣获一等奖，数学教研组荣获"上海市工人先锋号"称号。

站在学校新的发展起点上，刘爱国有一个新的追求，那就是致力于把学校办成学术性研究型高中。他积极进行教育科研方面的探索与实践，撰写了《把分数拉长了看——奠基终身发展的高中教育》等三部教育专著，以及三十余篇发表于省、市级教育刊物的教学和管理方面的论文，主持了上海市教育科学研究项目"高中生国际视野教育序列研究"等六个课题项目。他还根据疫情期间教育教学中出现的新情况、新问题，撰写了《战"疫"中的教育拷问》《谈谈当下在线"云课堂"》等文章，并发表于《上海教育》《上海师资培训》等刊物。

张来春

上海市新中高级中学教师发展
办公室主任,刘爱国攻关基地学术秘书

教育硕士,中学高级教师(教育科研),1998 年毕业于华东师范大学教育系。静安区教育科研先进个人,静安区"园丁奖"获得者。上海市第一期"双名工程"刘定一跨学科基地志愿者学员,第四期"双名工程"纪明泽攻关基地学员。

参与学校重大课题或项目的选题、设计、申报和研究,如"上海市高中价值观教育的有效途径研究""高中生国际视野教育序列研究""高中生核心素养培养与评价策略研究——以数学建模为例""行走的教室:跨学科深度学习的教学实践"等,这些课题或项目都针对学校发展中遇到的问题,通过研究改善和推动了学校某一方面的工作。

追寻学校文化足迹,参与策划、编撰、出版"新中教育丛书",至今已到第八册,为学校文化积淀添砖加瓦。

对教师提供指导、服务和专业支持,特别关注青年教师的发展和成长,成立青年教师研修团队,不定期开展报告讲座、读书交流、理论学习、教学评比等活动。

自身在工作中带着探索、研究的旨趣,发现问题、分析问题、解决问题,正式发表各类教育教学论文数十篇,其中一些发表于《上海教育科研》《教育发展研究》《中国青年研究》《思想·理论·教育》《中小学管理》《教学与管理》等核心期刊上,30 多篇文章被期刊论文和硕博士论文引用 200 多次。独立主持承担华东师范大学资助的基础教育在职教师进修课程"教学领导的理论与实务"的开发,基础教育与教育实习项目"学校教研组变革研究"的研究,均顺利完成并通过验收。

调研报告《上海市高中散插班西藏学生民族观教育调查研究》获教育部民族司论文评比一等奖。作为执笔者之一,参与成果总结提炼的《新中高级中学体育教育十年改革实践》获上海市基础教育教学成果一等奖。所主研课题的成果《高中生国际视野教育序列研究》获上海市教育科学研究院第六届学校教育科研成果评比二等奖。

潘红星

上海市澄衷高级中学校长

教育硕士,中学地理高级教师,上海市三八红旗手获得者,上海市第三期"双名工程"学员,第四期"双名工程""攻关基地"学员、"种子基地"主持人。

潘红星贯彻落实"立德树人"的教育根本任务,秉承"持诚求真"的百年校训,回望历史,立足当下,展望未来,以"陶冶性灵,启迪智慧,涵养气质"为办学理念,以"守正创新"为基本办学思路,与时俱进地开展学校的教育教学工作,培养"重责任、讲诚信、有性灵、能创新、善自律、会合作"的澄衷学子。

潘红星把德育工作落实到教育教学的各个环节,形成全员、全程、全方位的大德育体系和育人氛围。学校以高中生生涯发展为主线,以课程德育为主渠道,致力于探索新形势下的学校德育工作。

潘红星致力于特色普通高中的创建,是《特色普通高中课程建设探索》的主要作者,构建了"现代商业素养培育"的澄衷课程体系,并成功进行了市级展示。围绕"学习活动设计",以课题为引领,通过专家引领和同伴合作,聚焦课堂教学研究,推进"双新"方案实施。

潘红星注重教师队伍建设,以"分层培训"为关键词,切实推进教师的专业发展。近年来,学校三名教师成为第四期"双名工程""种子基地"领衔人,有四名教师成为区高端研修班学员,有四名教师成长为区学科带头人,有六名教师成长为区骨干教师,有物理、英语、数学等教研组被评为区优秀和先进教研组。

潘红星积极进行教育科研方面的探索与实践,主持过五个区级重点课题和三个市级课题;有近百篇论文在区级、市级、国家级报刊发表;有多篇论文在区级、市级、长三角和全国论文评比中获奖。

随着北外滩的开发,学校将异地重建。站在学校新的发展起点上,潘红星正和团队成员一起,努力让澄衷这所百年老校永葆青春。

王 菁

原上海市澄衷初级中学
党支部书记、校长

中学高级教师,第四期上海市普教系统"双名工程""攻关计划"刘爱国攻关基地学员,上海市普教系统首批"双名工程"培养对象,2010—2013年、2016—2018年虹口区英语学科带头人,曾任上海市中学教师高级专业技术职务任职资格评审委员会(虹口区、浦东新区)英语学科评议组成员。多篇学术论文在各级专业期刊上发表。

王菁对学校原有的"为每一位学生的终身发展奠基"的办学理念非常认同。她在"质量优先、素质优秀、服务优质、环境优化"办学宗旨的统领下,根据上海市中考改革精神,结合校情,提出了"唤醒学生成就动机,助力学生扬长发展,让每一个生命绽放异彩"的学生培养方向,并着手开展"'扬长发展,分层分类,多元发展'的澄初学生综合素质评价的实践研究"的项目探索。

在教师发展方面,王菁认识到以质量为核心的教育发展观要求教育必须不断加强队伍建设以提升师资水平,其核心要义是促使教师安心、静心、用心和尽心,这是教师成长的起点和动力。为此,学校明确将人才梯队建设作为打造学校课程体系、推动强校工程建设的最关键举措,制定针对每位教师的"个性化、多元化、阶梯化"的学校教师队伍培养方案,加强干部、党员、教师三支队伍的建设,把社会主义核心价值观融入教师工作、学习和生活的各个方面。

在刘爱国攻关基地学习期间,王菁阅读了刘爱国校长撰写的《课程是一粒种子》《把分数拉长了看——奠基终身发展的高中教育》《行走的教室——跨学科深度学习的新空间》三本教育专著以及《核心素养导向的课堂教学》《成长型思维训练》等书籍,聆听了国家督学尹后庆等诸多教育专家的精彩讲座。这些学习活动拓宽了她的教育视野,使她对以核心素养为导向的学生观、教学观、课程观以及评价观有了新的认识和思考。

周荣辉

上海市虹口区教育学院附属中学
党支部书记、校长

中学高级教师,上海市普教系统"双名工程"第四期"攻关计划"刘爱国攻关基地学员,虹口区三八红旗手和"园丁奖"获得者。

周荣辉带领全校教职员工扎实推进学校强校工程,学校确立了"以课程建设引领学校全面发展"的强校工程工作思路,将学校管理、教师发展、学生培养、教学实施等方面渗透融入课程建设的各个环节,以课程建设发挥育人功能,关注师生发展,优化育人环境,提高教学质量,提升办学品质。

周荣辉紧紧围绕"让每一个学生自信地走向未来"的办学理念,坚持德育为先,关注学生的全面成长和发展。学校充分发挥课程育人功能,倾力打造 EACH 课程品牌,逐步满足学生个性成长的需求,并逐步凸显学校特色。学校重视五育并举,在劳动教育方面形成了颇具特色的实施体系,构建了"2+3+X"初中生公益劳动体验活动模式。

周荣辉重视教师队伍的专业发展。开展了上海市第三轮课程领导力项目研究与实践,并基于新中考改革的要求,开展 EACH 课堂教学改进,通过课题引领和教学研讨,打造一支教育理念先进、精业敬业的师资队伍。她重视青年教师的成长,搭台子,压担子,创造机会,助力青年教师成长。她领衔上海市"双名工程"的管理类种子团队,开展行动研究,提高管理水平。

学校教师成才培养工作已初见成效,教师队伍整体成长迅速,一批品牌教师、骨干教师和明星教师涌现出来,青年教师崭露头角,教师素养稳步提升,教学质量明显改善,办学品质持续优化。

袁璧川

上海市华灵学校校长

中学高级教师,上海市第四期"双名工程""攻关计划"刘爱国攻关基地学员。她始终秉承"以学生发展为本,办让周边居民满意教育"的办学理念,坚持通过实施和谐管理的战略,努力把学校办成校园文化有品位、学生团队有自信、课堂教学高效率、师资队伍高素质、艺体活动成品牌的九年一贯制学校。多年的实践累积,袁璧川将其凝聚成学校的校训:"衔华佩实,钟灵毓秀"。并将之诠释为:做一棵树,随四季风,开花结果;集天地灵,汇万物优,芳泽逸秀。"衔华佩实,钟灵毓秀"是过程,"以学生发展为本,办让周边居民满意教育"是结果,两者相辅相成,相得益彰。

校长要思考、设想学校未来的发展,袁璧川关注这样一个公式:过去×将来=现在。一个学校若能认真地分析过去的情况,了解过去发展过程中的优势和劣势、机遇和挑战,有能够规划未来的发展目标和举措,那么就会拥有一个令人满意的现状。学校基于课程标准的教学管理,对各项教学常规工作的管理进一步制度化、细致化、规范化,努力"把小事做细,把细事做精"。抓好备课,重在规范创新;抓实上课,重在严谨实效;倡导反思,重在专业高质;抓细批改,重在及时认真;面向全体,重在辅优补差;科学评价,重在鞭策激励。

袁璧川大力推动建设"交通安全实践基地",发挥学校品牌项目优势。在市教委、区教育局的支持下,学校建成了"交通安全实践基地",三个场馆具有三大功能:情景体验、学习感悟、游戏评价,开设了"模拟驾驶区""碰撞试验区""安全座椅区""道路驾驶区""媒体学习区""交通标识区""VR体验区""报警救护区""游戏评价区"等,紧密结合综合素质评价,整合成交通安全拓展课程。学生在参与活动的过程中观察、学习、实践和体验,树立守法意识,以此感悟上海的城市精神。

袁璧川先后荣获"上海市道路交通安全管理先进干部""上海市静安区交通文明特邀监督员""文明交通好市民""静安区青少年交通安全关爱大使"等。

全 迅
上海市虹口区教育学院实验中学
党支部书记、校长

第四期上海市普教系统"双名工程""攻关计划"刘爱国攻关基地学员,上海市"双名工程"种子团队(管理)领衔人,虹口区"园丁奖"获得者,中学高级(教育管理)教师,虹口区骨干校长。

全迅把育人作为学校发展强基固本的关键。紧紧抓住"强校工程"发展契机,确立了建设"有戏"校园,为学生"出彩"人生奠基的办学思路。借助制度创新、政策支持和项目化实施,精准把握师生的成长需求,做强办学质量,夯实学生生涯,全面培养"有梦想、有本领、有自信、有担当"的虹教实验学子,使学校坚持在立德树人上下功夫,真正成为老百姓家门口的好学校。

为贯彻落实《中小学德育工作指南》精神,全迅从区情、校情、生情出发,积极探索新形势下的德育工作。开发并实施符合我校资源条件和学生特点的生涯适应力课程,初步形成具有校本特色的生涯适应力课程体系。并将"生涯"课程与"有戏"校园内外衔接,将学校课程、校园文化与家庭生活、社区活动、社会实践相结合,与学生生涯起航同行,搭建学生成长的教育大平台。帮助学生基于梦想找到生涯发展的方向和路径,坚定理想信念,学习真实本领,在实践和磨砺中为"出彩"人生奠基。

全迅有多所学校办学管理的经历,并坚持学习积累、实践创新、反思提炼,形成了"基于校情、勇于创新、精于实践"的管理思路。多年来,她坚持主持、参与市区各类课题研究,在《上海教育》《上海课程教学研究》《上海教育情报》等期刊上发表论文十多篇。强校工程实施以来,全迅撰写的《以生涯适应力课程引领"初中强校工程建设"》获得 2020 年"黄浦杯"长三角城市群"创新视角下的教育现代化"征文二等奖,撰写的《初中生生涯适应力现状及其影响因素——虹口区教育学院实验中学初中生生涯适应力调研报告》,获 2019 年上海市中小学幼儿园运用调查研究方法优秀成果二等奖等。

李西双
上海市第五中学党支部书记、校长

中学高级教师。分别于 1999 年 8 月到英国的 Lancaster 大学,2006 年 11 月到新加坡南洋理工大学国立教育学院,参加了上海市教委组织的中学英语教师的专业培训。作为英语教师,李西双始终以学生发展为本,聚焦课堂,关注学生的能力培养,2005 年成为"上海市普教系统名师培养工程"后备人选。2016 年参加了上海市教委和华东师范大学校长培训中心联合组织的新加坡南洋理工大学国立教育学院的教育管理硕士学习培训。2018 年 9 月成为上海市普教系统"双名工程"第四期"攻关计划"刘爱国基地学员。

李西双提出"人格健全、学力坚实"的办学理念,始终以面向未来的眼光规划百年五中的发展。在李西双的带领下,五中全体教工齐心协力,将学校的"善"文化融入日常教育教学工作中,在建设智慧校园的同时,形成了温馨上进的校园氛围。

李西双提出为学生打造"个性定制课程",带领教师在课程中贯彻多元发展的理念,构建了学校 DP(Development & Progress,发展与进步)课程体系。结合"五育并举",学校教师聚焦学生的终身发展,以学力为突破口,倡导接受与体验、探究与创新、自主与合作的学习方式。

李西双坚持以科研兴校,从学校实际出发,以师生为本。2016 年主持的"初中学习困难学生学业导师制帮助机制的建构与运行研究"课题,获得上海市教育科学研究院第五届学校教育科研成果二等奖。2020 年主持的"基于个性 指向发展 促进学生成长的课程实践研究"课题,获得虹口区第十三届教育科研成果一等奖。在李西双的带领下,五中教师以教研组、跨学科团队为主参与各级课题项目的实践研究,仅2019 年,学校教师团队就成功申报了 4 个区校合作项目、1 个上海市艺术科研课题、2个区级科研课题、1 个市级德育课题项目。学校有 5 个科研课题项目参与虹口区教育科研成果评奖,获得 1 个一等奖,1 个二等奖,3 个三等奖。

上海市第五中学,始终以"向未来"的眼光开发学生个性定制课程,以"创一流"的导向构建务实高效的智慧型教师队伍,以"求卓越"的目标强化百年五中学校建设。

何　敏
上海市通河中学党支部书记、校长

　　高中英语学科高级教师。从事教育工作27年,拥有区级普通、区级实验性示范性、市级实验性示范性3所高中的教育和管理经历。先后在第二期、第四期上海市普教系统"名校长名师培养工程"名校长培养基地学习,其间参加了第二批"上海—加州影子校长培训项目"。曾被评为"上海市第五届'育德之星'""宝山区优秀党务工作者"。

　　高中教育进入育人方式改革的内涵发展新时代,面对复杂多变的教育新形势,何敏定位文化价值,探索"价值领导"的理念,形成团队的共同愿景,进行价值引领、价值提升和价值实现,滋养师生精神成长。她践行一体化学校治理,从顶层设计到实施路径再到组织保障,从困惑瓶颈到措施策略再到机制创设,明证涓滴成河的教育力量,赋能上下求索的韧性发展,从而孵化教育改革发展创新实践。

　　作为管理者,她关注愿景信仰、专业精神、团队灵魂、社会服务等文化建设,契合时代精神和办学积淀,进一步把"多元发展,健康成长"的办学理念特色化、具体化和操作化,形成学校的共同认知、共同行为和共同理想,构建价值分享和文化共享的共同体。

　　作为改革实践者,她搭建新舞台,树立新形象,谋求新发展,在传承和探索中奉献新作为、提炼新经验。"双新"背景下,以知行课堂项目为抓手,探索基于社会实践证评价实施的研究,架构"五育并举"实施路径和课程特色,立足课堂变革常态化创新教师角色行为评价,她思考高考改革背景下教学质量提升的有效途径,致力于教师队伍、干部队伍、党员队伍和青年教师队伍的"精准滴灌",引领研训深度融合,跨学科综合推进,完善课程结构和评价体系,使之更加合理地反映学校的办学特色和价值指向。

　　作为教育研究者,她主动转向科研型、创新型和学者型的特质发展,用研究常态化的方式催生教育创新的内生活力。她注重底蕴夯实,守牢育人向度,整合多方教育优质资源,营造浓郁的学术氛围,让研究的视角、专题和成效串成一行足迹跃然纸上,使研究撬动教育智慧的生长点。

第一章　基于专项证书制度的评价探索

在终身发展的漫长跑道上,高中阶段是一个关键时期。学生在道德品格、知识体系、身体素质等方面快速发展,为其一生的发展奠基。在这一过程中,教育评价事关教育发展方向。它像一只无形的手,影响着校园里的生态,决定着课堂里的面貌,形塑学生成长的方方面面。但长期以来,唯分数、唯升学、唯文凭、唯论文、唯帽子的顽瘴痼疾异化了评价的育人功能,恶化了高中阶段的育人环境,"见分不见人"的教育方式严重影响了学生的身心健康成长。如何解决教育评价指挥棒的问题,扭转教育功利化倾向,新中高级中学从一张证书开始,探索教育综合评价改革的特色道路,为学生开启面向未来的通行证。"刘爱国攻关基地"成立后,八所共同体成员校以专项证书制度为范例,继续研究,攻坚克难,把一个学校的智慧变成了更多学校的行动。

第一节　教育综合评价改革的新探索

综合素质评价是21世纪基础教育课程改革,尤其是新课程改革语境下的重要内容。自提出综合素质评价以来,国家层面出台了一系列配套文件促进综合素质评价的实施和优化,各地也进行了大量的实践探索,取得很多成效。但是在综合素质评价的具体实施过程中,仍旧存在很多难题和挑战。上海市新中高级中学作为上海市实验性示范性高中之一,一直在积极开展综合素质评价相关的探索,结合自身办学理念和国家育人指导思想,探索了以若干专项证书为主体的培养和评价学生综合素质的策略和方法。新时代教育评价的行动指南《深化新时代教育评价改革总体方案》的印发,坚定了新中改革探索的信心,同时也为新中今后的进一步育人探索指明了方向。

一、教育综合评价改革的时代之困

中小学实施综合素质评价可以促进学生全面发展,推进素质教育;改变教师评价观念,推动教学改革;变革考试评价制度,促进人才培养方式转变;优化学校整体工作,彰显学校办学特色;培养诚信意识,优化社会风气等。[①] 因此,综合素质评价是21世纪基础教育课程改革,尤其是新课程改革语境下中高考改革的重要内容。[②]

在国家层面,一直都将综合素质评价作为促进学生全面发展和促进人才培养模式转变的重要抓手。自2005年在《国家基础教育课程改革试验区2004年初中毕业考试与普通高中招生制度改革的指导意见》中第一次提出"综合素质评价"的概念后,相继出台了一系列政策措施,以促进综合素质评价的推进实施和优化改革。如在《国家中长期教育改革和发展规划纲要》中要求"全面实施高中学业水平考核和综合素质评价",在《国务院关于深化考试招生制度改革的实施意见》中提出要"探索基于统一高考和高中学业水平考试成绩、参考综合素质评价的多元录取机制",在《关于加强和改进普通高中学生综合素质评价的意见》中,提出了普通高中学生综合素质评价的重要意义、基本原则、评价内容、评价程序等,国家层面逐步确立起了综合素质评价体系。

在具体的实践层面,综合素质评价实施以来,各地均进行了大量的实践和探索,取得了很多积极成效。但不可回避的是,综合素质评价在实际操作层面仍存在诸多问题,如何保证综合素质评价的科学性、客观性、公正性和实效性,面临着很大的挑战。

第一,在综合素质评价实施中,普遍存在"综合素质"内涵模糊、不统一的问题。要正确理解综合素质评价,首先要正确认识综合素质。一直以来,无论是学界研究还是各地的政策文本和相关实践,对综合素质具体内容的理解并未达成共识。对综合素质比较一致的看法是,综合素质是先天遗传和后天环境与教育共同作用下所具有的相对稳定的、综合性的从事某种活动的基本条件和能力。[③] 而对于综合素质的构成一直还存在分歧,最典型的是对于综合素质评价是否包括学术能力的争议。一种观点认为,学生综合素质应该由"学术能力"和"非学术能力"两部分构成。[④] 另外一种观点则正好相反,认为综合素质是指非学术能力,如有学者认为"综合素质指的是那些凡通过学生学业考试不能、不便测试和考查的但关系到学生全面发展的诸多基础和核心的素养"[⑤]。在具体实践中,大家基本都是把综合素质评价理解为对学生非学术能力

---

① 靳玉乐,樊亚峤.中小学实施综合素质评价的意义、问题及改进[J].教育研究,2012(1).
② 杨九诠.综合素质评价的困境与出路[J].华东师范大学学报(教育科学版),2013,32(4).
③ 陈朝晖.普通高中学生综合素质评价实施研究[D].河南大学,2016.
④ 靳玉乐,樊亚峤.中小学实施综合素质评价的意义、问题及改进[J].教育研究,2012(1).
⑤ 付旭明.对于综合素质评价,不要被"假问题"吓倒[J].基础教育课程,2006(4).

的评价。[①] 但是在教育部颁布的综合素质评价的六个方面里,其中包括"学习能力",当然其表达内涵更倾向于学习爱好、目标及习惯等,而不是学业成就。

第二,综合素质的评价过程形式化突出,结果性评价仍占据主导地位,评价预期效果难以发挥。在综合素质评价的操作过程中,由于学生群体庞大、教师工作繁忙等外在条件,容易造成评价过程和结果的形式化,无法发挥其教育功能和激励功能。在实践中,综合素质评价容易忽视在学生全面发展上的功能和意义,导致综合素质评价过程流于形式,更在意的是对教育成果的判别,是一种典型的结果性评价。容易忽略评价过程中对学生成长有价值的教育信息,更无法表达出学生内在的学习方法和情感、价值观。另外,无论是哪种形式的结果,在实际中都难以得到真正的、有效的应用。比如,虽然大力倡导要将学生综合素质评价与高校招生联系起来,但是在实际开展中,绝大多数时候综合素质评价结果与高校录取的决定因素挂钩不大。

第三,综合素质评价的配套技术与制度不足。综合素质评价要求有与之相关的制度与技术,但实际上,各地在开展综合素质评价时,往往没有相匹配的制度与技术,而且缺乏解决问题的思路和方向。[②] 包括综合素质评价的主体职责不明、评价难以兼顾公平、监督机制尚未健全(监督主体不明确、监督内容不清晰、缺乏信息公开机制)等。在大部分地方开展的过程中,资金、平台等物质基础,以及师生的信息素养等都会影响综合素质评价的具体实施。另外,综合素质评价还存在在整个评价体系中定位模糊等一系列问题,比如:综合素质评价在整个评价体系中处于什么地位? 与日常的期中、期末考试以及中高考等是什么关系?

虽然具体实施过程中存在诸多困难,但是积极探索综合素质评价的实施策略,既是推动高中教育改革发展的现实需要,也是深化考试招生制度改革的客观要求。要真正实现综合素质评价的本真育人价值,需要国家、地方和学校多方联动探索。对综合素质评价改革,国家层面已经给出非常明确的方向,地方和学校在实际操作过程中,要把相关原则和指导思想进一步细化,使之更具有操作性。

作为育人主体之一的学校,面向综合素质改革,最重要的是:探索如何做好学生成长的记录以及展示学生的个性特点和兴趣特长,更好地体现科学性;探索在实施过程中如何对学生的行为进行考查,如何更好地体现客观性;如何将综合素质评价与日常教育教学相结合,更好地体现实效性和育人性。

---

① 崔允漷,柯政.关于普通高中学生综合素质评价研究[J].全球教育展望,2010,39(9).
② 张阳,方红.中小学生综合素质评价的困境与消解[J].教育实践与研究,2020(1).

二、以认证为特点的新中综合素质评价探索

教育为谁培养人？培养什么样的人？怎样培养人？进入深水区的中国教育、上海教育综合改革如何促进学生综合素质全面发展？如何评价学生综合素质的发展？为培养和发展学生核心素养，落实立德树人和培养中国特色社会主义的合格建设者与接班人这一根本任务，这一系列的问题成为每一所高中必须直面的命题。上海市新中高级中学作为上海市实验性示范性高中之一，一直在积极开展相关的探索。面临挑战，新中高级中学践行"树德修能"的校训及"为学生终身奠基，让学生终身怀念"的办学理念，探索了以若干专项证书为主体的培养和评价学生综合素质的策略和方法，以专项证书制度实现"五育并举"，培育学生的综合素质。

认证，是一种信用保证形式，是指由国家认可的认证机构证明一个组织的产品、服务、管理体系符合相关标准、技术规范或其强制性要求的合格评定活动，一般包括体系认证和产品认证两大类。其作用可以指导消费者选购满意的商品、帮助生产企业建立健全有效的质量体系，可以将推行产品认证制度作为提高产品质量的重要手段，可以提高产品在国际市场上的竞争能力……

"认证思维"延伸到教育领域其实也已经很常见，研究生毕业和本科毕业的学位证、学历证，高中毕业证，英语四六级证书，各式各样的从业资格证书……在各项专业认证中，都会有明确的认证标准，明确应该达到的基本能力和素质。这些"证书"有的是通过某项或某几项统一的规范考试，通过之后可以取得；有些则需要经过一系列的复杂认证过程。但不论获取的方式如何，拥有该项"认证"就在很大程度上意味着拥有相应的基本能力和素质。

在教育领域的各种专业认证，其核心理念必然是"以学生为中心"，是突出强调学生的学习成果，聚焦于学生"应该得到什么"。这种认证思维，具有其独特的优势。一方面，在外部评价的时候，评价者可以更直观、快速地对某个人的能力素质做出一定的判断，因为拥有这个证书在很大程度上就意味着拥有相应的能力水平，尤其对于很多"含金量"比较高的证书更是如此；另一方面，对于学习者自身来说，这些证书的存在使得学习者可以有很好的学习参照标准和学习目标，只要朝着能获取这些证书的方向而努力就可以，是学习者自我能力和素质提升很好的、"可见的"抓手。

这些"抓手"既是学习者学习和实践经历的反映，也是学习者文化理论水平和综合素质的证明。这种认证的思维既符合综合素质评价的需要，又有助于学生个人的发展与成长。因此，受到这种"认证思维"的启发，新中高级中学在多年的育人实践中，

探索出了以若干专项证书制度为主体的综合素质评价模式,努力实现"五育并举"培养学生的综合素质。

三、新时代再出发

进入新时代,社会各领域都在快速发展,我国基础教育也发生了深刻的变化,呈现出种种转型的特征。我们的教育,正在从关注"冷冰冰的分"向关注"活生生的人"转变;我们对学生的培养和评价,也正在从单一的学业成绩向多元的综合素质培育转变。

长期以来,受多种因素影响,唯分数、唯升学、唯文凭、唯论文、唯帽子的不科学的教育评价导向根深蒂固,"更严重的是大家都知道这种状况是不对的,但又在沿着这条路走,越陷越深,越深越陷"①。

国家高度重视教育评价问题,就深化新时代的教育评价改革做出了全面部署,具体体现在 2020 年 10 月中共中央、国务院印发的《深化新时代教育评价改革总体方案》(以下简称《总体方案》)中。这是第一次由中共中央、国务院出台的关于教育评价改革的文件,显示出教育评价在新时代教育事业发展中的重要地位,在新中国教育史上具有重大意义。②《总体方案》明确提出要"完善立德树人体制机制,扭转不科学的教育评价导向,坚决克服唯分数、唯升学、唯文凭、唯论文、唯帽子的顽瘴痼疾,提高教育治理能力和水平,加快推进教育现代化、建设教育强国、办好人民满意的教育"。③ 在《总体方案》中,针对教育评价改革的核心问题,首次提出了"改进结果评价,强化过程评价,探索增值评价,健全综合评价"的"四个评价"新理念。④

《总体方案》的提出,为构建符合中国实际、具有世界水平的评价体系指明了方向。深化新时代教育评价改革,对培养担当民族复兴大任的时代新人、培养德智体美劳全面发展的社会主义建设者和接班人,以及全面贯彻党的教育方针、加快推进教育现代化、建设教育强国、办好人民满意的教育具有重大意义。《总体方案》坚持把立德树人成效作为根本标准,坚决克服重智育轻德育、重分数轻素质等片面办学行为,促进学生身心健康、全面发展。可以说,《总体方案》是新时代教育评价的行动指南。

《总体方案》中明确提出要改革学生评价,促进学生德智体美劳全面发展。方案中明确了学生评价改革的重点任务,包括:树立科学成才观念、完善德育评价、强化体

① 习近平.习近平谈治国理政(第三卷)[M].北京:外文出版社,2020.
② 周洪宇.以科学的教育评价推动新时代教育学发展[J].中国教育学刊,2020(12).
③ 中共中央,国务院.深化新时代教育评价改革总体方案[EB/OL].(2020-10-13)[2020-01-20].http://www.gov.cn/zhengce/2020-10/13/content_5551032.htm.
④ 瞿振元,张炜,陈骏,郝清杰,林梦泉,王战军,秦惠民.深化新时代教育评价改革研究(笔谈)[J].中国高教研究,2020(12).

育评价、改进美育评价、加强劳动教育评价、严格学业标准、深化考试招生制度改革。方案中还提出,学生的成长是有规律的,学习是有阶段性的,对于普通高中来说,应主要评价学生全面发展的培养情况,突出实施学生综合素质评价、开展学生发展指导、优化教学资源配置、有序推进选课走班、规范招生办学行为等内容。强调在中学阶段尤其要重视学生世界观、人生观、价值观的初步形成,以及学习能力、创新精神的培养,帮助学生树立专业兴趣和志向。还明确提出,各级各类学校要坚持以德为先、能力为重、全面发展的办学理念;引导学生养成良好思想道德、心理素质和行为习惯;强化体育评价,帮助学生在体育锻炼中增强体质、健全人格、锤炼意志、享受乐趣;改进美育评价,创新开展美育的形式方法,着力提升学生的审美素养,激发学生创新创造活力;加强劳动教育评价,强化劳动教育和实践教育,鼓励学生在实践中受教育、长才干、做贡献。

《总体方案》的印发,更加坚定了我们前行的信心,方案中提出的很多原则和思想,是新中高级中学已经在探索和实践的,比如早在2010年学校就通过"体育专项证"的形式来强化体育的评价,又如通过开展"社会实践证"——"行走的教室"以及数学建模大赛等来培养学生的学习能力和创新精神。通过一系列育人措施,在高中三年,从多个方面形成育人合力,帮助学生树立专业兴趣和志向。《总体方案》让我们更加坚定了探索的教育之路,也为我们改进和完善育人机制提供了更加明确的指引。

第二节　以专项证书制为支点的新中方案

有什么样的评价指挥棒,就有什么样的办学导向。教育评价改革"牵一发动全身",是一项关系重大、影响深远的改革。从2010年起,新中高级中学试行"体育专项证书",而后又逐渐发展丰富为"四项证书"。经过十多年的探索,新中高级中学在学习研究各类教育指导文件和实践探索的基础上,形成了以专项证书制度为支点的综合素质评价新方案,以期撬动高中教育综合评价的千斤巨石,为综合素质评价改革贡献出"新中方案"。

一、以专项证书制实现"五育并举"

专项证书制度,特指为培养学生某些方面的能力素质而通过专门设计、实施和评价等系列过程,并最终认定学生具备某方面能力素质而颁发相应证书的一种制度。目前,新中的专项证书主要有由大学颁发的学生证以及新中颁发的体育专项证、社团团员证和社会实践证。专项证书制度是新中办学育人改革的系统探索,旨在引领和促进学生全面而有个性地发展,引领和提升教师科学的教育观、质量观和学生观,致力于突破普通高中学生综合素质的培养及评价。

新中"四证教育"的提出,一方面是基于学校的办学理念——为学生终身奠基,让学生终身怀念,是对新中奠基终身发展的四项关键能力——学会学习、创新能力、合作能力、健康生活的培养和评价,另一方面是对国家教育方针政策的积极响应。国家教育方针政策中多次提出:"要落实立德树人根本任务,发展素质教育,推进教育公平,培养德智体美劳全面发展的社会主义建设者和接班人。"新中"四证教育"中,体育专项证的"体育"、社会实践证的"劳育"、社团团员证的"美育"、大学学生证的"智育",以及渗透在以上四证中的"德育",探索的专项证书制度实现了德、智、体、美、劳"五育并举"。

这四项证书不仅是对学生获得某方面能力的佐证,更是学生参与活动的重要保障,学生在获取证书的过程中能够深刻体验自我价值与选择的意义。"四证教育"引导新中每个学生在德智体美劳等方面有个性地发展,尤其是为培养学生努力成为"身体好、学习好、工作好"的未来合格的公民奠定基础。这一个个证书作为学生一张张通向未来的通行证,学生可以坚信,在这几年的学习时间里,努力学习、敢于创新、积极实践,拿到这一张张"通行证"之后,可以让自己到达一个更美好的未来。

新中的专项证书制度基本涵盖了《国务院关于深化考试招生制度改革的实施意见》,以及《上海市深化高等学校考试招生综合改革实施方案》中"高中学生综合素质"的相关内容,即品德发展与公民素养、修习课程与学业成绩、身心健康与艺术素养、创新精神与实践能力。因此,获取各项证书的学生,综合素质得到全面提升,也即初步奠定了终身发展能力的基础。

新中高级中学的专项证书制度以及与之配套的创新人才培养项目的实践,与《国务院办公厅关于新时代推进普通高中育人方式改革的指导意见》中提出的"突出德育时代性""强化综合素质培养""拓宽综合实践渠道""完善综合素质评价",构建全面培养体系的基本精神和内容是契合一致的,这些工作的开展从某种程度上说,是新时代推进普通高中育人方式改革的一种探索。这一举措的意义在于,通过对高中学生综合素质培养和评价的积极探索和具体落实,新中力图实现为普通高中办学育人的改革提供一种具体化、可操作的学生综合素质培养和评价的实践样式,从而实现育人方式的变革。

二、专项证书制的行动框架和行动原则

面对新时代教育评价的诸多难点,新中提出了自我的解决方案——基于专项证书制度的学生综合素质评价。这是一种综合性的、多元化的、过程性的、增值性的评价方式,是基于奠基终身发展的办学理念最终实现学生全面发展基础上的个性化发展的育人策略。经过多年的探索实践,新中高级中学总结出一些专项证书制的相关行动框架和行动原则,可以为专项证书制度的开展提供指导。当然,这些探索的实用性还需要在更广阔的田野上检验,在更多的学校推广和使用,不断更新、不断完善。

(一) 专项证书制的行动框架

专项证书制的实践必须以目标为引领,注重内容的多元化和过程性发展,需要与时俱进动态更新,以优势带动实现全面而又个性化地发展。

1. 目标引领

专项证书制作为一个有力的抓手,对学生学习、教师发展、学校办学都具有清晰的导向作用。对于学生而言,专项证书制可以提供明确清晰的目标,系统化的证书制可以把学生三年的学习都进行完整的规划,学生最终要实现的目标很明确,就是取得相应的专项证。对学生优势和特长的关注可以极大地调动学生的积极性和主动性,总体上,专项证书制可以促进学生有序、高效、科学地发展,是对学生主动发展的积极引导和支持手段。《上海市普通高中学生综合素质评价实施办法》中提出的"评价结果应用"的第一条就是引导学生积极主动发展:"引导学生开展自我评价并进行自我调整和自我管理"[①]。对教师而言,可以引导其教育观、质量观和学生观的发展。对于学校而言,专项证书制作为综合素质培养和评价的系统框架,学校围绕专项证书配套一系列的教育设计和资源来保障,可以有效地引领学校深化改革发展。

专项证书制具有明确的目标导向作用,因此其目标内涵的确立就至关重要。专项证书制的目标必须要清晰,且内涵必须综合,要紧扣教育综合评价改革的要求。专项证书制作为一种综合素质培养和评价的策略和方法,在构建设计时,在实践中,要切实符合综合素质评价的根本目的——促进学生全面发展基础上的个性化发展。因此,专项证书制实施过程中,内涵的设计既要涵盖学生的全面发展,又要满足学生个性化发展的需要。

2. 多元内容

综合素质评价的特点就是多元,不是只唯分数论,综合素质的内涵丰富,可以涵盖

---

① 上海市教育委员会.上海市教育委员会关于印发《上海市普通高中学生综合素质评价实施办法(试行)》的通知[EB/OL].(2015-05-04)[2021-02-15].http://edu.sh.gov.cn/zcjd_ptgzxszhszpjssbfsx/20150504/0015-xw_80976.html.

很多方面的东西。因此,无论是评价的具体内容指标还是评价的方法,都必须是多元的。要到达的目的地很明确,评价过程相当于设置了很多级梯子,学生通过梯子一步一步达到这个目标。并且,这个"梯子"的路径是多样的,即结果明确,但是有很多条路径可以实现这个结果。

3. 过程管理

在专项证书制中,评价的思路要发生转变。综合素质评价应着眼于发现学生的优势和特长。[①]过去的学生评价着力点多放在寻找学生的不足、缺陷和问题等方面,为的是弥补学生的"短板",纠正学生的缺点,是一种查漏补缺式的评价思路。而综合素质评价是一种尊重差异、彰显个性的评价思路。即从通过评价寻找学生的不足和缺陷变为发现学生的优势和特长,让学生在多个方面获得不同程度的发展,并在自己擅长的领域获得最大可能的进步,真正促进每个学生的成长和发展。[②]总之,综合素质评价应采取一种"发掘优势"式的评价思路,评价者扮演的是学生生命成长历程的指引者和培育者,在评价过程中,评价者要"带着放大镜找亮点",要注重发现和培育每个学生身上可能的发展潜质和成长空间。

专项证书制重点关注的是如何在校内有效实施综合素质评价,发挥综合素质评价的教育功能,所以在专项证书制中必须重视过程性评价且评价要及时有效。专项证书制设置有总结性评价(获得目标证书),实现路径中有多元的评价,有各个时间点的评价,比如一年级要达到什么、二年级要达到什么、三年级要达到什么,最终达到目标,实现增值性评价。

4. 动态调整

专项证书制是培养和评价学生综合素质的策略和方法的开放体系,专项证书制的实践和发展是一个动态调整的过程,其目标和手段都要与时俱进,要站在课程改革发展的最前沿来看,专项证书制的目标设定得是否合理,教育的手段、方法是否需要调整,是否体现了国家最新的教育改革理念。专项证书制是与时俱进动态调整的,在实施的过程中要定期对其目标、内涵、路径等进行更新迭代;要随时代的发展以及各方面对教育要求的改变、教育改革的深化和推进,不断调整和扩充这个专项证书体系。

5. 优势带动

专项证书制的成果是多元的,一个证的内涵很丰富,可以实现"1+N"的成长,比如体育专项证可以带动学生坚强意志品质的培养和发展,可以把在这个项目中磨炼的很多意志品质和思维模式迁移到其他的学科或活动中,实现综合带动,有一个整体带动的效应。

---

①② 刘志军,张红霞.普通高中学生综合素质评价:现状,问题与展望[J].课程·教材·教法,2013(1).

通过学生的优势训练,用长处带动短板,让学生在个性优势发展的带动下,实现整体更优的发展。就某个项目而言,学生因为喜欢所以会更加认真投入,会带来更多正向的反馈,在这个过程中可以带动学生各方面习惯的培养,例如深度学习、思考力、体育品质等,这些都在这个过程中得到一系列的磨炼,然后把这些意志品质迁移到其他的领域。通过认证带动某一方面的深度发展和学习,再带动其他各个方面的全面发展,从而更好地促进学生全面发展基础上的个性化发展。

(二)专项证书制的行动原则

新中在长期的实践中,总结出专项证书制在实践中应遵循以下一些行动原则。新中在育人过程中,是这样想也是这样一步一步实践的,不断有新的发现,有新的成果。专项证书制度可以有更广的辐射,在具体实行的过程中应当遵循这些原则,并且应在实践过程中不断更新、不断优化,更大限度地发挥其育人功能。

1. 必须与学校的文化相融合

专项证书制必须与学校的文化相融合,要基于学校的"DNA"构建具有自身特色的综合素质培养和评价体系。学校文化是专项证书制生长的最直接的外部条件,学校文化决定着专项证书制的内涵和实施,反过来专项证书制也可以促进学校文化的发展。尤其要注意,专项证书制的核心理念是奠基学生的终身发展,如果学校的文化理念是短期的就无法适应。在新时代下,学校文化必须着眼于为学生的终身发展打基础,必须着眼于人的发展的长远利益,而不只是近期的利益。

2. 必须有高质量的教师队伍作为支撑

专项证书制要求在某方面学得比一般的要更加深入,要能达到较高的水平,这就需要有高质量、高水平的教师队伍作为支撑。需要一个优质的教学共同体来指导和促进学生某方面的专项化发展,这个教学共同体不只是校内的,更多时候还需要校外的辅助力量。比如:在体育专项证中聘请校外优秀的运动员参与指导和教学,能够让学生的体育专项发展得更专业、更具高水平;在"行走的教室"实践中,除了校内专门配备指导教师协调、组织、指导学生课题的开展之外,还聘请了上海交通大学、复旦大学等高校的专家教授作为学生团队的校外指导教师,对学生有价值的课题提出深化的意见。

新中从2014年起,试行为高一学生配备"成长导师",帮助学生更快地适应新的学习生活,帮助学生充分了解自己,学会选择。导师们放下姿态,主动亲近学生,着重指导学生取得具有新中特色的"四项证书",以此培育奠基终身发展所需的素质。

3. 必须与学校的整体育人相向而行

专项证书制要与各个学科的发展、与学校的整体育人相向而行。学校有各个学科的学习和发展,也还有其他诸多的育人活动,综合素质评价只是学校育人体系的一部分。放在整体育人视野下,专项证书制只是发现了带动孩子发展的一把钥匙,不能只让孩子发展这一门,还需要通过这个专项的发展带动其他方面的发展,需要有一个整体的育人视野和框架。专项证书制还要和学校的评价体系相适应,与学校整个学段的教学目标相适应。

4. 必须在社会的场域中谋篇布局

专项证书制要放在家校合作、校社合作的场域中谋篇布局。专项证书制跳出了传统的文化课学习,如果得不到家长的支持,专项证书制推行时会有比较大的阻力。专项证书制的内涵非常丰富,单靠以前传统的资源是无法支撑的,需要多样化的资源整合,除了家校合作外,实施的过程中还需要多方面资源的支持,比如体育专项证中的专业体育运动员、"行走的教室"中的高校教师指导资源、各个地方调研的企业资源等。

总之,专项证书制要着眼于终身,具体到三年,每一步都有明确的计划,有明晰的实施路径和多元的评价。对专项证书制的上述思考,实质上是专项证书制形成和生长的"土壤",在具体的实践中需要从多方面保障专项证书制的发展,有理念、有评价的制度体系、有相应的教育举措、有资源的保障和支撑。

第三节 在"攻关"共同体中发展专项证书制

2018年底,"刘爱国攻关基地"成立,共有八所成员校校长加入,形成了"校长共同体"。共同体以"专项证书制"为范例,共同研究、共同攻关,把一个学校的智慧变成更多学校的行动,形成区域经验,共同发展。

一、攻关基地促强校

上海市教委的《关于实施百所公办初中强校工程的意见》(以下简称《意见》)着力通过政策支持、专业扶持,促进百所公办初中提质增效,办成"家门口的好初中"。根据《意见》,"强校工程"将与"名校长名师培养工程"紧密结合。"刘爱国基地"作为第四期"双名工程"攻关基地,以"建立专项证书制度,开展学生综合素质评价的实践与研究"为课题,在探索评价改革领域先行先试并取得一定成果的基础上,依托"强校工程",将成果向"强校工程"实验校辐射。本课题主要有三个方面的意义:第一,课题给了我们一个机会,验证"专项证书制"是否具有较好的工具性,从而丰富原先的评价工具内涵,进而进一步完善该项实践;第二,带动"强校",普通学校通过对实验性示范性学校的研究,结合自己的校情,制定属于自己学校的"专项证书";第三,融合发展,在跨学校、跨学段的互相学习中,基地成员校有了更加丰富的教育视角,更有利于解决综合素质评价中的关键问题。本课题期望利用基地攻关的契机,带领基地成员校各位校长集体攻关,通过建立适合初、高中学校的若干专项证书,促进学生综合素质的培育和发展。这条道路充满艰难险阻,但我们依旧要一往无前,一起攻克这一教育综合改革"关键的一役"和"最硬的一仗",为正在实施的全国教育综合改革和综合素养的培育提供可推广的实践范式和上海教育智慧。

二、"五位一体"探索新评价

本基地共有九所学校,分别是新中高级中学、澄衷高级中学、通河中学、澄衷初级中学、华灵学校、虹口区教育学院附中、虹口区教育学院实验中学、第五中学、青浦平和学校。成员学校分别来自虹口、宝山、静安、青浦四个区,有五所学校属于"强校工程"学校,学情各不相同、各有特色。在基地主持人的带领下,成员学校校长集体学习新中的评价制度,对学生综合素质培养的实践、研究和探索,逐渐形成综合素质测评的策略和方法,促进基地学校和成员学校的同步发展。根据各校传统及个性特色,深入关注学校管理、教学、艺术、德育,出谋划策,共筑强校,有序推进实施策略,稳步落实技术路线,严谨有力地监控保障,在课题研究和项目实施中发展学生核心素养。基地采用"五位一体"的研究模式,从思想到行动对标教育部提出的评价改革要求,做出了一系列探索和实践。

(一) 聚焦评价

思想是行动的先导,是激发改革的动力源泉。综合素质评价改革、破除"五唯"的根本是要从观念上进行改变。基地聘请重量级教育专家为基地学员举办讲座,如仇忠海、纪明泽、顾志跃、张治、陈宇卿、尹后庆、杨国顺、陆伯鸿等,引领校长聚焦评价。仇忠海校长做讲座时回顾了他30多年的校长经历,提到每所学校的教育教学实践看似不同,但不同的背后却有着共同的规律,道出了其中的教育真谛:"作为校长,要对基础教育改革有宏观的把握和内在的预见性,要审时度势寻找突破口,并先人一步实施,在尊重学生成长规律和教育规律的前提下,实现弯道超车。"上海浦东教育发展研究院原院长顾志跃教授作了"校长的课程、教学和教师专业发展领导力"的辅导报告,令人受益匪浅。

结合校长们的学校管理工作,基地就教育管理、课程与教学改革、综合素质评价等专题购买书籍《核心素养导向的课堂教学》《大数据背景下普通高中综合素质评价研究》《第四次工业革命》《成长型思维训练》《习近平总书记教育重要论述讲义》等以及其他学习资料,供学员自我研修,并组织分享交流。

（二）互相启发

成员校校情各不相同,各具特色,但也有许多可以互相借鉴、学习的机会。攻关的过程,同时也是基地校与成员校加强内涵发展,进一步开展与完善学生综合素质培养和评价的过程。如基地校新中高级中学对"行走的教室"社会实践活动课程化的实施与评价,澄衷高级中学"基于校史资源的研学旅行的评价探索",都在致力于这方面的探索与实践。

澄衷高级中学开展基于校史资源的研学旅行课程的学习,引导学生在体验式课程学习中,深入了解学校创办人叶澄衷先生和知名校友,以校史教育促进核心价值观教育。为了使这一教育更具实效性,学校开展了相关评价研究。目前,学校采用的是"研学旅行护照",学生每完成一个研学旅行点的体验,可以请所在单位盖章。研学旅行体会可以在研学途中完成,也可以回校后完成。学生完成 10 个研学点的课程体验,收集完 10 个研学章,即可获得 2 个学分。此课程和学校的社团课程、诚信课程、研究性学习课程等共同组成综合实践课程,加上现代商业培养拓展课程以及与之紧密结合的课程一起,共同组成了学校的特色课程。每类课程按 A、B、C 三个层级给予评分。高中三年学生获得 18 个学分,即可获得相关结业证书,并记入学生的综合素质评价档案。本研究作为攻关基地"建立专项证书制度,开展学生综合素质评价的实践与研究"课题的子课题,与新中的实践对接,共同为丰富高中生综合素质评价开展有益的探索。

（三）个性突破

本课题的攻关,不仅仅是集体研究,更是针对各校不同的发展情况,做到"个性突破"。澄衷初级中学和虹口区教育学院实验中学都因学校周边不断动迁,导致生源结构变化,大部分是外来务工人员随迁子女,家庭生活环境复杂,结构多样,学生普遍对自我成长路径不清晰,存在得过且过的心态。对多数学生而言,通过中考进入职业学校学习之后便是学业深造上的"断头路",导致他们学习动力缺失,学习能力较弱,自信心不足。面对这个特殊情况,基地组织专家和校长一起研究、讨论,有针对性地制定适合两所学校的"个性化方案"。受到新中高级中学专项证书制度的启发,两所学校都将目光聚焦在学生的生涯发展上,即在初中阶段为学生更好地适应未来多变的生涯打下扎实的能力和基础,让学生逐渐形成明确的目标。澄衷初级中学结合本校的项目化学习,从学科角度设立评价手段;虹口区教育学院实验中学则着眼自身的学校特色,探索出"生涯成长课程",并以"生涯发展证"进行评价。

（四）融合发展

基地根据实际情况做到线下和线上融合发展。基地主持人与专家团队及基地全体学员深入各成员校访校，听取各校介绍，了解办学情况。上海市华灵学校的"小交警"自1998年建立发展至今，经过20多年的探索和发展，已经成为华灵学校的一项品牌。开展这一课题的研究，是结合学校实际情况，对接基地攻关课题，充分发挥学校现有优势，通过体验式交通安全实践教育基地的创新研究，促进学生核心素养的提升，并开展学生综合素质评价的探索与实践。华灵学校在多年探索与发展的基础上，结合实践基地的建立，开始进入了以制度建设为核心的内涵发展新阶段。华灵结合学校的实际情况，充分发挥学校的现有优势，从课程、师资队伍等方面着手，进一步开展体验式交通安全实践基地创新活动的探索与实践，有效培养学生的综合素质，并在评价方面有新的突破。

基地还聘请专业的从业人员提供指导和咨询，与教育媒体、学术刊物及出版机构合作，为基地及各成员校提供展示、交流及成果出版的平台。

由于突如其来的新冠肺炎疫情，基地的活动也受到影响。但基地努力克服成员均为学校校长，学校防疫、线上教学、学生心理问题疏导等方面的工作头绪繁多的困难，因时制宜地采用了"云学习"的方式开展活动。通过视频收看专家讲座，开展学员间的互相交流。暑假期间还采取线上线下相结合的方法，开展了多次基地活动。

（五）形成整体

在基地课题攻关的过程中，大家通过实地学习、考察、交流等形式加强互相学习，形成整体。上海市教委教研室党总支书记、副主任纪明泽结合基地攻关课题前期研究的成果和相关实践，就如何与时俱进深入开展项目研究并实现基地研究成果与学校发展的转化方面进行了指导。新中高级中学除了在课题研究内容"学生综合素质的培养和评价"外，在德育工作、课程建设、教师专业发展等方面也对成员校有帮助和启发，发挥了应有的辐射示范作用。同时，成员校在特色学校建设、学校历史传统的传承发展等方面，也给基地校的办学育人工作以启发，从而探索基地校与成员校之间的共同提高和发展之路。

三、新评价促进新发展

（一）在共同体研修中改变理念

校长是学校办校治学理念的第一责任人，是学校的教育规划者和组织管理者，也是各项工作的领导者。校长理念的先进程度决定了学校办学的高度，因此校长必须要准确理解国家教育改革的内涵和要义。基地的学习不仅是对校长本身专业素养的挑战,也是校长历练实践与获得成长的良好契机。共同体研修一定程度上革新了校长们的课程观、教师观和学生观。通过集体学习,校长们开阔自己的思维模式,不断提升自身的思想素质,对"新评价"等更多学校教育议题产生新的哲学思考。通过不断实践,校长的专业素养也会随之增强,提炼出更先进的教育办学理念,同时引导学校的教师、家长和学生,形成面向未来的教育理念场。

（二）在课题研究中升级管理

评价机制是指挥棒,必须坚持激励和约束相结合、治标与治本同推进、自律与他律相统一,倒逼校长建设与学校办学目标、办学实际相适应的管理体系。校长需要不断学习先进的办学理念和技术手段,思考未来学校的图景,明确强校发展方向;立足于学校整体建设,精准发现当前学校管理中亟须改进的关键问题;优化学校课程设置,以专项证书制度为抓手做好教育评价工作。通过课题的集体攻关,校长们利用团队资源,积极探索强校实践策略,迎难而上,不断提升办学质量。2020年,突如其来的疫情考验着教育管理者的管理能力和教育情怀。通过攻关基地线上线下的学习,对校长的"危机领导力"以及互联网思维下的学校管理能力都有一定提升。

（三）在治理改革中创新突破

攻关不仅仅是"头脑风暴",更加注重落到实处,因地制宜地发挥"专项证书制"的优势。课题通过对学生综合素质培养的实践、研究和探索,形成综合素质评价的策略和方法,促进基地学校和成员学校的同步发展,为全国教育综合改革提供上海教育实践的范例和方案。通过课题研究,促进成员校专项证书制度的建立,推动成员校创新发展和特色发展。初中强校工程结对学校根据校情,形成1—2项学校特色项目,以点带面带动学校办学育人整体水平的提升。尤其是通过促进成员校专项证书制度的建立,推动成员校的创新发展和特色发展。例如,澄中高级中学结合本身的诚信教育推出诚信证书,华灵学校通过德育品牌"小交警"项目推出"交通安全证",虹口区教育学院附属中学以"小园艺师证"引领学生自觉提升劳动素养,通河中学的"社会实践证"与学校的"知行课堂"结合对学生的社会实践做出评价,虹口区教育学院实验中学基于学生对自我未来发展的理解和规划实施"生涯发展证",澄衷初级中学以专项化学习为抓手推出"阅读之星"专项证书,第五中学的"职业体验"证书是以学生职业体验活动进行的评价。"一校一证"带动学校整体育人水平迈向更高的台阶,学校整体精神面貌焕然一新,育人初见成效。

第二章　专项证书:综合素质评价的校本操作实践

党的十九大提出了全面贯彻党的教育方针,培养和发展学生核心素养,落实立德树人和培养中国特色社会主义的合格建设者与接班人这一根本任务。《上海市深化高等学校考试招生综合改革实施方案》的实施,明确了高考改革的具体要求,建立高中学生综合素质评价制度,将学生综合素质评价结果纳入对高中生的评价中。高中学生的综合素质发展如何指导、综合素质评价如何实施、新的课程体系如何建立等问题,都是迫切需要学校直面和应对的问题。广大普通高中的教育实践,离这一要求和定位还有差距,一线基层学校开展了积极的探索和尝试。

第一节　专项证书:源起、流变与认识

专项证书制度是上海市新中高级中学(以下简称"新中")办学育人改革的系统探索,强调学生自主、自我发展,引领和促进学生全面而有个性地发展,引领和提升教师的教育观、质量观和学生观,致力于突破基础教育学生综合素质评价。

一、专项证书的源起与流变

新中的专项证书,最早发端于学校的单一课程改革,即高中体育专项化教学改革。新中学生通过学习体育专项化课程,掌握1—2项运动技能,在毕业时获得学校颁发的体育专项证书。这一改革举措旨在提升学生的运动兴趣,帮助学生养成终身运动的习惯,引导学生培养终身爱好的运动项目,以健康的身体造福于自己、家庭和社会。

随后,以体育学科为突破口,学校的课程教学改革持续推进。专项证书制度的外延也随之不断地扩大,从体育专项证的"一证"逐渐发展到大学学生证、体育专项证、

社团团员证和社会实践证的"四证",再到作为上海市第四期"双名工程"攻关基地的攻关课题,在课题的推动、辐射和引领下,发展到成员校的若干专项证书,最终实现德智体美劳"五育并举",实现人的全面发展。

二、对新中"四项证书"的几点认识与思考

(一)"四项证书"是对标核心素养的自我诠释和实践

联合国教科文组织提出学会求知、学会做事、学会合作、学会生存的教育四大支柱,教育部提出的四项关键能力在很大程度上与联合国提出的这四大支柱存在一定的一致性。基于新中办学的实际、办学的定位以及新中学生的具体情况,学校提出四项奠基终身发展的关键能力——学会学习、健康生活、合作能力、创新能力,一方面是对标教育部提出的四种关键能力,另一方面也是学校"四证教育"的基础,同时也是对世界各国和主要经济组织提出的核心素养以及我国学生发展核心素养内涵的学习借鉴,并在这些的基础之上做出的自我诠释和实践。

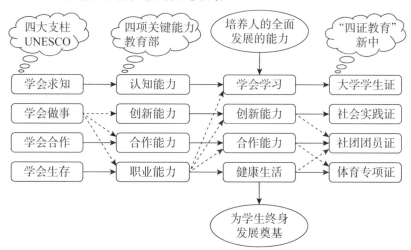

图 2-1 新中"四证"对标奠基学生终身发展关键能力的示意图

(二)"四项证书"基本涵盖综合素质的相关内容

新中的"四项证书",包括大学学生证、体育专项证、社团团员证和社会实践证。学生在成长导师的指导下,取得具有新中特色的"四项证书",以此培育奠基终身发展所需要的素质。这四项证书不仅是对学生获得某方面能力的佐证,更是学生参与活动的重要保障,学生在获取证书的过程中将深刻体验自我价值与选择意义。"四项证书"引导新中每个学生在德智体美劳等方面有个性地发展,尤其是为培养学生努力成为未来合格的公民奠定基础。

"四项证书"基本涵盖了《国务院关于深化考试招生制度改革的实施意见》，以及《上海市深化高等学校考试招生综合改革实施方案》中"学生综合素质"的相关内容。这一举措的意义在于，获取了四项证书的学生，综合素质得到全面提升，也即初步奠定了终身发展能力的基础。

（三）"四项证书"是综合素质培养和评价的操作路径和实践样式

"四项证书"不仅是对学生获得某方面能力的佐证，更是学生参与活动的重要保障，学生在获取证书的过程中将深刻体验自我价值与选择意义。"四项证书"引导新中每个学生在德智体美劳等方面有个性地发展，尤其是为培养学生努力成为未来合格的公民奠定基础。我校提出的"四项证书"是在长期实践培养学生综合素质和奠基终身发展关键能力的基础上进行的提炼总结。专项证书制度，是一种具体化、可操作的学生综合素质的培养和评价的实践样式，是学生综合素质培养和评价的具体落实。作为一种教育教学的举措，它是培养综合素质的重要策略、方法和手段；而作为学生具备某方面能力或素养的佐证，它又是综合素质评价的一种途径。

（四）关于"四项证书"的若干思考

新中的专项证书制度是学校办学育人改革的系统探索，旨在引领和促进学生全面而有个性地发展，引领和提升教师科学的教育观、质量观和学生观，致力于突破普通高中学生综合素质培养及评价。综合素质评价既有利于更加科学、完整地评价学生，促进学生自我认识、自我完善，全面而有个性地发展，又有利于遵循学生成长规律，从过于关注学生成绩向更加关注学生发展转变，切实转变教育观念和人才培养模式，一举多得。因此，综合素质评价的目的在于逐步扭转过去偏重认知，过多倚重学科知识，而忽视对人的社会责任感、创新精神、实践能力、身心素质的观察和价值认定，导致教育异化的现象。它是学校体系完善与否的标准之一，既是检验学校办学方向和质量的手段，也是对学生主动发展引导和支持的积极手段。

综合素质评价可以反映出学生德智体美劳全面发展的情况，是学生毕业和升学的重要参考。我们当然希望高考能够利用综合素质评价的结果，因为这会引导和拉动高中学校的价值观念转变和育人方式变革。但是，综合素质评价的根本目的是促进学生发展，因此它是高中教育的题中应有之义，是完整而理想的高中教育中不可或缺的教学环节。目前上海只有部分高校直接参考综合素质评价结果进行录取，涉及对象也只占一部分学生。但是，学校不能因此就不去认真研究和实施综合素质评价，我们认为综合素质评价应该成为教学的实践常态。

中共中央、国务院印发的《深化新时代教育评价改革总体方案》中明确提出，要"加快完善初、高中学生综合素质档案建设和使用办法，逐步转变简单以考试成绩为唯一标准的招生模式"。可见,综合素质评价是大势所趋,或将成为教育变革的关键所在。总体方案在谈到改革学生评价时指出:"坚持以德为先、能力为重、全面发展,坚持面向人人、因材施教、知行合一,坚决改变用分数给学生贴标签的做法,创新德智体美劳过程性评价办法,完善综合素质评价体系,切实引导学生坚定理想信念、厚植爱国情怀、加强品德修养、增长知识见识、培养奋斗精神、增强综合素质。"①回顾这些年来新中在开展学生综合素质评价方面的探索与实践,已然成效初显,但依然任重道远。我们希望通过对高中学生综合素质培养和评价的积极探索与具体落实,努力实现育人方式的变革和优化。

《国务院办公厅关于新时代推进普通高中育人方式改革的指导意见》中要求,坚持以习近平新时代中国特色社会主义思想为指导,深入贯彻党的十九大和十九届二中、三中全会精神,全面贯彻党的教育方针,落实立德树人根本任务,努力培养德智体美劳全面发展的社会主义建设者和接班人。专项证书制以及与之配套的教育教学实践,与指导意见中提出的"突出德育时代性""强化综合素质培养""拓宽综合实践渠道""完善综合素质评价",构建全面培养体系的基本精神和内容是一致的,这些工作的开展,从某种程度上说,是新时代推进普通高中育人方式改革的一种有益探索。专项证书制度这一举措的意义在于,通过对高中学生综合素质培养和评价的积极探索和具体落实,力图为普通高中办学育人的改革提供一种具体化、可操作的学生综合素质培养和评价的实践样式,从而实现育人方式的变革。

第二节　新中专项证书的实践探索

一、新中专项证书的基本内容

(一)大学学生证——我的未来我做主

大学学生证是指经过新中三年的学习培养,希望每位学生都能考取大学,获得大学的学生证。这既是学生的追求,也是家长及社会的期盼。至于上何种类型、何种层次的大学,这是基于学生自己的兴趣爱好和能力基础,为实现自己人生理想和价值的选择。我们不仅希望有更多的学生能够进入名校、重点大学乃至世界一流大学深造,

---

① 中共中央,国务院.深化新时代教育评价改革总体方案[EB/OL].(2020 - 10 - 13)[2020 - 01 - 20]. http://www.gov.cn/zhengce/2020 - 10/13/content_5551032.htm.

更希望学生能根据自己的兴趣爱好,为实现自己未来人生的理想、价值而选择更适合自己的高校和自己更喜欢的专业。

今天高中开设的语、数、外、理、化、生、政、史、地、体、艺、信息技术等课程,对于育人来讲绝无大小学科之分,绝无重点与非重点学科之说,所有学科都有其独特的育人价值。新中在高一年级就将13门课程全部开放,让学生在导师的指导下早早开始充分体验,帮助学生明晰自己在今后的学习和实践中应该如何选择。

（二）体育专项证——我的运动我喜欢

体育专项证是指通过新中的体育专项化课程教学,培养学生掌握1—2项运动技能,在毕业时获得学校颁发的体育合格证书。这一改革举措旨在提升学生的运动兴趣,帮助学生养成终身运动的习惯,引导学生培养终身爱好的运动项目,以健康的身体造福于自己、家庭和社会。

"生命在于运动""健康第一"是当今社会的共识。高中集结的是十六七岁的青少年,对他们来说,这三年不仅是"三观"的养成期,还是身体发育的关键期。他们的身体就如同农田里的庄稼,在一定季节中天天都在茁壮成长,但如果错过这一季节,庄稼就不能成熟,孩子的身心也就不能健康成长。庄稼可以等待下一季播种,但人的一生却没有下季重来。因此,我们认为,从青少年时代起,培养孩子掌握一项或几项运动技能,激发他们的运动兴趣,不仅个人会终身运动,而且未来还会带动家人、朋友一起运动。

新中实行体育专项化教学,目标是让学生在设定的教学条件下,专注于1—2项运动项目,进行深入的学习,在学习的过程中体验运动带来的快乐,并利用该运动项目实现终身体育锻炼的目的。学生取得的体育专项证书对他们今后的可持续发展将产生长远影响,为学生打下坚实的发展基础。实行体育专项证书制,也是努力探索全方位培养学生能力的方法与途径。

（三）社团团员证——我的爱好我发展

社团团员证是通过社团证的形式引导有潜力、有特长的学生积极参加学校的社团组织而颁发的团员证书。各社团围绕一个项目,综合运用课堂知识集成于实践,有利于培养学生的创新实践、人际协作与沟通能力。

社团是班集体建制的补充,是课堂的延伸。班集体的形成往往是学校安排,学生被动接受,而社团的构建是学生主动的选择。它是由几个或十几个有着共同兴趣爱好的学生,围绕一个项目有组织地开展活动的团队。新中有二十多个学生社团,每个社团以15名学生计算,就有近三分之一的学生参加了各种社团组织。在社团活动中,学生们将课堂所学知识综合运用于实践。例如,每次头脑OM的长期题,将学生的文学功底、表演才能和各种道具的制作能力等融于一体,将碎片化知识集成于实践,是各学科知识综合运用的体现,极大地培养了学生的创新实践能力。在一次次社团活动中,学生之间的情谊与日俱增,他们不仅仅是同窗,还是学习生活上的好友,有些还或将成为支撑未来事业发展的终身伙伴。因此,我们通过社团团员证的形式引导有潜力、有特长的学生积极参加学校的社团组织,来日怀念时,高中生活就不仅仅只有读书,还有各类社团活动和社会实践。

拓展型课程与社团是相辅相成的又一课程形式,新中开设了 30 门左右的拓展型课程,让没能参加社团的学生也有一次选择自己喜爱的老师、自己喜欢的课程的机会。通过拓展型课程和社团活动,促使学生把各门学科的知识融会贯通,综合起来在实践中具体运用,课程体系中的碎片性知识得以有机联系,学生内隐的爱好也得以发展成型。

(四) 社会实践证——我的人生我探索

社会实践证是指学生参加学军、学农、"新中坚力量"志愿者服务活动、"行走的教室"研究性学习社会实践、国内外游学等实践的记录证。其目的在于引导学生向社会学习,开阔眼界,增长见识与才干。其中,学校设计的"新中坚力量"志愿者服务活动、"行走的教室"新课堂实验成为上海市中学生德育特色品牌项目,使学生的社会实践活动更加丰富多元。

随着社会发展,传统的学农、学军、学工活动已远远不能满足高中学生发展能力、开阔眼界的需要。自古以来,中国人就有"读万卷书,行万里路"的优良传统,既要读书本知识,还要亲近自然,认识社会,读社会这本大书。读书与实践是同等重要的。特别是当今世界经济发展一体化,各民族文化的融合是必然趋势,对当代高中生而言,不仅要行中国的万里路,而且还要行世界的万里路。

社会是一个大课堂,处处是学问。国家及上海市的课程改革一直非常强调培养学生的社会实践能力和创新能力。鼓励学生利用课余时间积极深入社区、深入企业、深入各行各业,一方面可以让学生用书本上的知识和原理观察社会,思考社会现象、解决社会问题,在灵活运用所学知识的同时还能培养社会责任感和担当精神,另一方面通过社会实践可以开阔眼界,增长见识。社会实践证锤炼的是学生的动手能力和创新能力,这将是学生终身受用的财富。

二、专项证书的若干实施策略

专项证书制度,是一种具体化、可操作的学生综合素质的培养和评价的实践样式,是学生综合素质培养和评价的具体落实。作为一种教育教学的举措,它是培养综合素质的重要策略、方法和手段;而作为学生具备某方面能力或素养的佐证,它又是评价综合素质的一种途径。所以,这里所说的专项证书的若干实施策略,亦即综合素质培养的若干策略,亦即综合素质评价的实施策略。

（一）定性与定量相结合

数据的呈现为学生发展的量化提供了依据,减少了凭经验和感觉进行的感性判断,多了一份理性分析和判断。定量评价强调数量计算,以教育测量为基础。它具有客观化、标准化、精确化、量化、简便化等鲜明特征,在一定程度上满足了以选拔、甄别为主要目的的教育需求。而人的发展,尤其是品质、行为和能力的发展是很难测量的。所以,定性的评价就是定量评价的另一个方面。事实上,在学生综合素质评价中使用定性评价的比例远高于定量评价。对于尚未成年的孩子,结合其平时的表现、现实状态或文献资料的观察和分析,直接对学生做出定性结论的价值判断,比如评出等级、写出评语。这样的评价方式,学生更易于接受,它更多地强调观察、分析、归纳与描述。如果说定量评价关注"量"而走向抽象并且侧重定量描述,那么定性评价则关注"质"走向具体并且侧重定性描述。[1] 两者兼而为之,既为学生的发展指明方向又留足空间。

（二）分项与综合相结合

明确综合素质表现的观测点,如课堂表现(提问、活动、表达、交流、合作、笔记等)、作业表现(按时、认真、正确、订正等)、测验表现(守纪、专注、正确等),借鉴表现性评价(设计任务,评价表现)和档案袋评价(日常积累,综合评定)的方式,实施分项评价(单一因素评价)和综合评价(多因素综合评定)相结合的评价。

（三）过程性评价和结果性评价相结合

新中的过程性评价和结果性评价方式有着丰富的内容,为学生提供多元的角度来认识自己和发现自己。比如,新中"行走的教室"综合实践课程(对应大学学生证、社会实践证、社团团员证中的一项或多项),就旨在让学生联系社会实际,通过亲身体验进行学习,让学生在"行走"的过程中积累和丰富直接经验,培养学生的创新精神、实践能力和终身学习的能力。学生最终的"行走"成果可以是一篇研究报告,也可以是呈现一个物化的产品。

（四）开展"品牌性教育活动"

"品牌性教育活动"是新中多年来形成的在市、区有较大影响和知名度的主题性、

---

① 经素.我国高校"学评教"体系缺陷及思考[J].湖北函授大学学报,2013,26(10).

专题性教育教学活动，如学校的"新中坚力量"志愿者服务活动、"行走的教室"综合实践课程，以及一年一度的"新中学生节"等，内容涵盖了学生的校园生活、社会实践、研究性学习等活动，很好地弥补了传统课堂教学的不足。学校通过深受学生喜欢的"品牌性教育活动"，来培育学生的责任担当、实践创新、人文底蕴、科学精神、健康生活、学会学习等核心素养。将影响学生成长和发展的"品牌性教育活动"作为专项证书的实施途径，对学生综合素质的发展和评价意义深远。

三、证书制度的实施方案：以体育专项证为例

"为学生终身奠基，让学生终身怀念"是我校长期以来践行的办学理念，在高中阶段对学生进行文化知识的传授外，还要对学生进行社会适应能力的培养，关注生命教育和品德教育，为学生今后的发展打下良好的基础。体育专项化教学以培养学生运动项目兴趣、发展运动技能为主要手段，重视对学生的长期影响。科学的体育锻炼知识以及良好的运动健身理念，对学生长期参与体育锻炼具有积极的推动作用。体育专项证评价制度，是基于新中高级中学开展高中体育专项化改革以来，学科建设推进过程中，对学生专项技能水平及组织参与体育锻炼能力的一种认定形式。

（一）体育专项证的目的意义

对新中学生三年的体育学习和锻炼进行综合评价，能够较为真实、全面地反映学生在高中三年体育专项课程的学习历程。对学生通过努力达到的专项运动能力，参与和组织体育运动锻炼的能力进行客观评价，有利于激发学生参与体育教学活动及体育锻炼的热情，帮助学生在升入高一级学校后发挥自身的特长。同时，体育专项证还可以对体育课程设置、教学实施方案等进行反馈，有利于完善体育学科的课程改革，不断满足学生对学校体育教育的真实需求。

（二）体育专项证的内容

体育专项证是对学生的高中三年体育专项化课程学习生涯过程的一次综合评定，它尽可能全面地反映每位学生在参与体育学习锻炼的体验过程、身体素质增强、运动技能提高、组织沟通能力发展等多方面取得的成绩。因此，体育专项证既具有量化指数标准，如素质和技能测试、出勤统计等，也具有主观评价比重，如组织比赛能力、承担项目裁判工作能力、参与体育活动能力评价等，强调技战术的学习运用，为学生长期参与体育项目锻炼打下基础。

（三）体育专项证的评价指标

新中体育专项证评价在强调"显性指标"（时间、高度、远度等）的同时，也关注"隐性指标"（兴趣、动机、态度、意识、责任感等），即以身体素质、运动技能作

为评价的主要内容,体育意识、体育兴趣、体育精神等情感和社会性发展这类非体力因素为辅助内容。最终,构建起体育专项证的两部分评价项目,即显性指标和隐性指标。

表 2-1　体育专项证评价指标

指标类别	项目	分值	说明
显性指标	身体素质	30分	根据项目特点,在高中三年学习过程中,每学年对学生进行一次测试,测试应包含三项身体素质、三项项目技能,集体项目可安排战术测试项目。例如,羽毛球项目在高一年级安排体能测试:20米×5、羽毛球掷远、跳双飞,技能测试:正手击高远球、正手杀球、网前勾球,并统计学生的出勤情况进行评分。
	技能测试	30分	
	出勤率	10分	
	裁判法	10分	在体育教学活动中,学生通过学习到的裁判知识,能够执法教学比赛、校级比赛,具备裁判能力者,获得该项加分;考取裁判等级证书者,直接获得10分。
隐性指标	设计组织单项体育比赛	10分	学生通过课堂上学习到的项目竞赛规则,在教师的指导下,成立竞赛团队,设计组织并完成单项体育比赛,获得该项加分。
	运动情感表达	10分	在参与教学活动、课余体育锻炼的过程中,表现出的体育意识、体育兴趣、体育精神、团队意识、责任感等(由教师和同学进行评价)。

进行体育教学运动技能等的评价是必要的,进行体育教学的人文思想、体育文化的评价同样是不可欠缺的,这对学生形成终身体育锻炼的能力尤为重要。因此,构建具有全面性、动态性和结构性的专项化课程考核评价体系,才能满足专项化教学的需要。

全面性是指在强调"显性指标"的同时,把体育意识、体育兴趣、体育精神等情感和社会性发展这类非体力因素的"隐性指标"作为评价内容的重要组成部分,在体育教学中强调对人文思想、体育文化等的评价。

动态性是指在采用"静态评价—对结果"的同时,注重"动态评价—对过程",即对评价对象的发展状态的评价。着重纵向比较,考察其历史情况,注意其发展潜力和发展趋势,以利于对评价对象的指导,并激发其进取精神。

结构性是指围绕培养终身锻炼能力这一核心目标设计课程考核评价指标体系。确定各级、各项指标比重时,突出参与锻炼能力、组织锻炼能力、管理锻炼能力三方面的非体力因素。

(四) 证书的认定与颁发

在高三下学期,对高中三年的成绩进行统计评价,采用优秀、良好、合格等级,对学生颁发体育专项证:

总分达到 90 分以上者,评价为优秀;

总分达到 75 分以上者,评价为良好;

总分达到 60 分以上者,评价为合格。

图 2-2 新中体育专项证

图 2-3 校长颁发体育专项证书

第三节　专项证书的深化与发展

在学校原有实践经验的基础上,为进一步培养学生的核心品质与关键能力,奠基学生的终身发展,更高水平地实现立德树人的根本任务,学校积极谋划,努力探索,不断深入推进学校的专项证书制度。这里所说的"不断深入推进",既包括新中"四项证书"本身的进一步深化,也包括专项证书从"双名工程"攻关基地校——新中的"四项证书"到各成员校的若干专项证书的进一步发展。

一、新中"四项证书"的进一步深化

新中"四项证书"的内涵经过不断发展,不断进化和迭代,得以不断深化,试简略分述如下。[①]

(一)大学学生证——从知识到素养

基于国家发展对综合竞争力人才的需求、教育综合改革对学生素养提出更高要求的背景,基础教育不能再仅仅停留在知识的授受和技能、方法的训练上,而要更多关注学生的情感、态度、价值观,以及终身学习的习惯和能力的养成等,即教育必须实现从知识传授到素养培育的转变。为此,学校成功申报上海市教育科研课题"高中生数学核心素养的培养策略与评价研究",目的就是以此研究促进数学学科的发展并带动其他学科素养的培育。未来,大学学生证不仅应作为通往大学的资格证书,同时也应成为新中学生所具备的若干学科素养的证明。

(二)体育专项证——从育体到育人

"健康中国"已经上升为国家战略,作为身处一线的基础教育工作者,我们深感任重道远。体育专项证的实施不仅要发挥帮助学生强身健体的功能,还要进一步使之成为完善人格的教育,即实现从育体到培养人格的教育转变。体育学科中蕴含着无可替代的育人价值,如公平竞争、团队合作、契约精神、意志品质等,都是学生获得终身发展的关键品质。为实现这一目标,学校采取了调整体育教学课时安排,改革体育课堂教学结构,引导学生在团队合作、比赛竞争中学习运动技能,提高身体素质,磨砺意志品质,引导体育教师团队编写校本教材等措施。

---

① 刘爱国.深化"四证教育"奠基终身发展[J].基础教育参考,2018(11).

（三）社团团员证——从兴趣到志趣

如今学校的学生社团已从过去的发展兴趣、爱好进入为终身发展、精彩人生而奠基的阶段。例如,我校 2012 届毕业生孙天骄,曾经是学校模拟联合国社团团长,高中时代就立志当一名外交官,孙同学外交学院毕业后进入中华人民共和国外交部,目前在中国驻希腊大使馆任职。又如,2014 届毕业生冯梓航,曾经是我校学生乐队队长,从小酷爱音乐,高中毕业后选择到北京电影学院音乐音效专业学习,在大学期间就为多部电影进行音效编辑与声效采集,还曾与一些国内著名音乐人团队合作。这些学生都是通过学生社团,把兴趣爱好成功地转变为人生发展的志趣。

（四）社会实践证——从实践到担当

社会实践证的目的在于引导学生向社会学习,开阔眼界,增长见识与才干。社会实践必须传承传统,且还必须超越传统,培养当代高中学生的家国情怀及胸怀人类命运共同体的使命感和责任感,从而自觉担当起国家民族的大任。

面对挑战与机遇共存的"地球村"人类命运共同体,对于当代高中生,既要学习书本知识,还要亲近自然,认识社会,读社会这本大书;不仅要行稳、行好中国之路,还要行好世界之路,不久的未来,还要当好"一带一路"的践行者,努力实现从社会实践到对国家民族的担当的升华。

二、专项证书在各成员校的进一步发展

新中的专项证书,已经从体育专项证"一证"发展到大学学生证、体育专项证、社团团员证和社会实践证"四证",现阶段正以"双名工程"攻关基地为中介和桥梁,通过基地校新中高级中学的示范、引领和辐射,渐次推展到各成员学校,发展为成员校的若干专项证书。通过这些专项证书,最终实现德智体美劳"五育并举",实现人的全面发展(见图 2-4 所示)。

澄衷高级中学立足"诚信"这一学校文化精神内核,经过高中三年系统的诚信教育,使学生理解诚信的内涵,规范诚信行为,进而培育诚信品格,并以诚信证书的形式认可并评价其诚信学习的成效,助力完善学生的美好品格。具体举措见第三章。

澄衷初级中学从语文学科整本书阅读项目入手,以"阅读之星"专项证书为抓手,开展综合素质评价的实践探索,希望借此以点带面,逐步开发学校活动领域、学科领域和跨学科领域中的其他项目学习和相应的专项证书,以这种形式的综合素质评价引导学生发现自己的多元优势领域,生发学习动力,优化学习方式,重塑自信心。第四章中介绍了他们的做法。

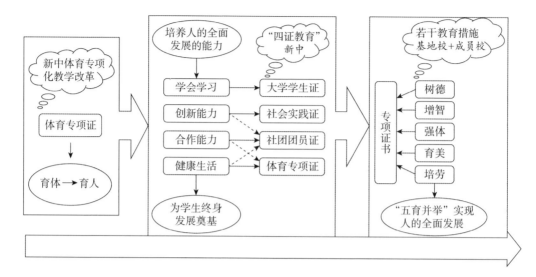

图2-4　专项证书的发展演进示意图

虹口区教育学院附属中学借鉴基地校的专项证书制度经验,在学校"百草园"劳动课程群实践的基础上,积极探索以"小园艺师证"作为学生劳动评价的重要方式,引领学生自觉提升劳动素养,促进学生德智体美劳协同发展,实现"以劳立品、以劳树德、以劳修行、以劳启智、以劳健体、以劳育美、以劳为乐"的全方位育人效果。学校"小园艺师证"的实践操作详见第五章。

华灵学校结合"小交警"这一学校传统特色实践活动,通过"交通安全证"对学生开展教育,"交通安全证"包括遵规守纪证、指挥能手证、自救自护证和自主管理证,其知识点基于《上海市交通法规条例》,目标明确、层次清晰、途径实效。第六章展现了学校的实践工作。

虹口区教育学院实验中学结合新时代立德树人的总要求和校情、生情,确立了"让孩子的人生更'有戏'"的育人目标,传承和发扬学校文化底蕴,着眼学生发展需要,"尊重差异,促进成长",开展生涯发展证的实践探索,让每个孩子在学校生活中都有获得感和成就感,努力为学生未来的生涯发展做好当下准备。具体方案在第七章中呈现。

上海市第五中学梳理多年来的实践经验,整合新校区优质资源,将职业体验活动与校本课程体系进行融合,以"职业体验"证书为评价工具,以激发职业兴趣、提升职业能力、弘扬职业精神为目标,为学生进入未来职业世界提供更多开阔眼界的机会。第八章对此进行了具体的介绍。

上海市通河中学以"知行课堂"为载体,以"争章活动"为支撑,开展基于社会实践证评价实施的研究。学校注重在认识和实践的关系上形成"知中有行,行中有知"的通融,深化社会实践的内涵建设,积极探索评价指标体系构建,建立学生社会实践证的实施机制。具体实施在第九章中进行说明。

基于"若干专项证书",我们可以构建起培养和评价学生综合素质的策略和方法的开放体系。比如,安全教育、生命教育、环保教育、生态文明教育均可加入这一开放体系中。又如,随着信息技术和人工智能的高速发展,或许某一天我们会特别强调"信息素养"的培育与评价,届时亦可纳入基于专项证书的培养和评价的开放体系中。

第三章　诚信证书评价助力完善学生美好品格

上海市普教系统第四期"双名工程"刘爱国攻关基地积极贯彻党和国家的教育方针,以"建立专项证书制度,开展学生综合素质评价"作为攻关课题,在新中高级中学比较成熟的"四项证书"综合素质评价的基础上,除了其自身进一步开展深化研究外,正在辐射基地成员校,以"专项证书"为关键词,细化综合素质评价的内容。笔者作为攻关基地的学员,结合我校"现代商业素养培育"上海市特色普通高中创建工作,以"诚信证书评价"为题,积极探索基于特色和校情的德育综合素质评价。

第一节　开展诚信证书评价的意义

诚信是一种文化,是文明和秩序的表现,是社会和谐的立足点;诚信是一种哲学,是正义和公平的体现,是人性真善美的反映。诚信作为社会主义核心价值观的基本内容,不仅是国家稳定、学校发展的重要基础,更是个人安身立命的基本准则。

学校开展诚信证书评价,主要从以下四个维度考虑。

一、诚信是中国传统文化的精髓

"诚"与"信"在传统的道德理念中,既有相似之处,又有所不同。所谓相似之处,是指虽然人们对"诚""信"有多种解释,但其基本含义都是真实不欺。许慎《说文解字》云"诚,信也""信,诚也"。但"诚"与"信"也有不同,它们各有侧重:"诚"有道德本体的意味,"内诚于心",侧重主体的道德修养,更多的是对道德个体的单向要求;"信"侧重外在的伦理关系,"外信于人"是指道德的外化,更多体现为人际交往间的多向要求,是一种规范社会秩序的道德实践。

"诚信"结合在一起运用,最早见于《商君书·靳令》。

对中国影响深远的儒家文化一直崇尚诚信。"诚信"的基本内涵可以表述为以下几点。

第一,"诚信"是立身处世之本。孔子强调"言必信,行必果"①,认为"民无信不立"②,"人而无信,不知其可也"③。

第二,"诚信"是道德修养的必备要义。荀子认为"养心莫善于诚"④,宋儒周敦颐把诚看作是"五常之本,百行之源"⑤。

第三,"诚信"是社会交往的基本要求。"与朋友交,言而有信。"⑥"老者安之,朋友信之,少者怀之。"⑦孔子把"朋友有信"作为自己追求的人生目标之一。

第四,"诚信"是治理国家的基本准则。当子贡问如何治理政事时,孔子的回答是:"足食,足兵,民信之矣。"当子贡再问:"必不得已而去,于斯三者何先?"孔子曰:"去兵。"子贡再问:"必不得已而去,于斯二者何先?"子曰:"去食,自古皆有死,民无信不立。"⑧"上好信,则民莫敢不用情"⑨"宽则得众,信则人任焉。"⑩

从中国传统文化的角度看,诚信是中国古代思想家共同强调的道德准则,是中国传统文化的精髓。

二、诚信是现代社会发展的基石

第一,诚信是社会主义市场经济的基础。有人曾这样形象地说:"商海无涯'信'作舟。"没有诚信,就没有秩序;没有诚信,就没有交换、没有市场;没有诚信,社会主义市场经济就无法健康发展。市场经济就是诚信经济。

第二,互联网时代呼吁诚信体系建设。互联网时代催生了互联网经济。近年来,P2P平台频频爆雷,出现了惊天大案。平台跑路、集资诈骗、洗钱、暴力催收债等违法犯罪行为常与某平台联系在一起,对民间私人资产和社会主义金融市场的管理秩序造成很大损害。之所以发生这些事情,究其根本是因为社会主义诚信体系建设不健全。

---

① 毛子水.论语今注今译[M].台北:商务印书馆,1979:211.
② 毛子水.论语今注今译[M].台北:商务印书馆,1979:190.
③ 毛子水.论语今注今译[M].台北:商务印书馆,1979:28.
④ 王先谦.荀子解集[M].北京:中华书局,1988:46.
⑤ 周敦颐.周子通书[M].上海:上海古籍出版社,2000:50.
⑥ 毛子水.论语今注今译[M].台北:商务印书馆,1979.
⑦ 毛子水.论语今注今译[M].台北:商务印书馆,1979:196.
⑧ 毛子水.论语今注今译[M].台北:商务印书馆,1979:208.
⑨ 毛子水.论语今注今译[M].台北:商务印书馆,1979:189.
⑩ 毛子水.论语今注今译[M].台北:商务印书馆,1979:203.

第三,世界经济一体化需要诚信企业。随着我国加入 WTO 以及世界经济的一体化,企业作为市场的主体,只有诚信企业才能主动适应 WTO 的规则:一切贸易或交易以公平、公正、非歧视、协商、惯例、非政治为原则。因此,企业若无诚信,便无生存,更无发展。

值得高兴的是,诚信建设工作已经受到党中央、国务院的高度重视。《社会信用体系建设规划纲要(2014—2020 年)》是我国第一部国家级的社会信用体系建设专项规划。我国正在逐步建立多层次的信用制度体系。

诚信建设工作的重要性也成为百姓的共识。2018 年 1 月 23 日至 30 日,人民论坛课题组通过人民智库微信公众平台、人民论坛网微信公众平台,面向 31 个省、自治区、直辖市发放近万份调查问卷,结果显示:83.10%的受访者认为"诚信建设对新时代中国特色社会主义具有重大意义";84.10%的受访者表示"诚信是实现中国梦的重要基础";86.30%的受访者认为"诚信是满足人民日益增长美好生活需要的社会要求";81.59%的受访者认为"诚信文化是廉政文化建设的重要内容";82.10%的受访者认为"诚信是全面从严治党和党的自身建设的出发点和落脚点"。①

从社会发展的角度看,诚信是社会主义核心价值观的重要组成部分,是现代社会发展的基石。

三、诚信是学校文化精神的核心

上海市澄衷高级中学的前身是澄衷蒙学堂,创办于 1900 年,创始人是晚清实业家叶澄衷。叶澄衷出生于宁波镇海的一户穷苦人家,年少时在黄浦江上摇舢板为生。一日,一位洋行经理乘他的渡船去浦东,将一只装有巨额钱款和支票的公文包落在他船上。叶公三日不渡,在船码头等待失主。洋行经理重金酬谢,叶公不为所动,分文未取。于是洋行经理允诺批发五金零部件给他在黄浦江上兜售。叶公的诚信故事当时被传为美谈,人们争相跟他做生意,很快他就拥有了人生的第一桶金,生意也从船上转到岸上,在百老汇路开了第一家老顺记五金公司。

叶公白手起家,无所依凭,但他将挑战转化为机遇,艰苦创业,自强自立,艰难而迅速地崛起于上海滩。其五金公司北达辽沈,南暨交广,东渡渤海,西及巴渝,人称"五金大王"。除了五金行业,叶公还善于把握先机,开了很多民族工业的先河:他曾创办中国最早的可炽铁号,是美孚公司煤油、矿烛和英美烟公司纸烟的总代理;在虹口开办纶华缫丝厂;在上海、苏州、汉口等地兴办燮昌火柴厂,经营沙船队和鸿安轮船公司,其

---

① 人民论坛课题组,石晶,郭尧,李思琪.超八成公众认为诚信是实现中国梦的重要基础——当前中国公众诚信观念与诚信意识调查报告[J].人民论坛,2018(7).

树德地产最大时占其家庭资产的2/3,建设的一批中式里弄房和洋房主要分布在虹口和杨树浦地区;叶氏独资和合资创办的钱庄遍布中国各大通商口岸;他还创设过三元保险公司,更是中国第一家华商自办银行——中国通商银行的九大董事之一。其家业最盛时相当于清政府年财政收入的十分之一,富甲江南。在上海,人称其"叶半天",被公推为"宁波帮先驱"。

叶公事业有成,其慈善事业不胜枚举,清光绪帝颁发"乐善好施""勇于为善"等匾额,以示嘉奖。在众多的善事中,最被后人记住的是他的兴学义举,他认为"中国之积弱由于积贫,积贫由于无知,无知由于不学,兴天下之利,莫大于兴学"。他除了在家乡兴办叶氏义庄,还在虹口张家湾捐规银十万两、土地三十亩,创办了沪上第一所班级授课制新式学堂——澄衷蒙学堂。"俾使无力从师者,皆得就学焉""庶几从此学习之人,学有进益,大则可望成才,小亦得以谋业"。清末状元张謇为学校题写校名,光绪皇帝亲写"启蒙种德"匾额,嘉奖澄衷蒙学堂的办学成效。

受创始人叶公人格的影响,"尚诚朴"成为学校的核心文化精神。如,1926年章程第一章"纲领"的第二条:"士子读书,首须立志。但不尚诚朴,便蹈空言;不重国故,难为华人。本校设学以来,尚诚朴、重国故;廿载一日,永矢不渝。士子来学,应明斯义,反是不思,请弗枉顾。"重人格教育,尚诚朴,成为学校一以贯之的追求。

进入2000年,学校将校训扩展为"持诚求真",这既继承了学校优良的人文传统,又体现了崭新的时代精神。持诚,做人行事要始终保持诚实、诚朴、诚信的品格;求真,说话做事要遵循规律,坚持探求真理。"持诚"与"求真"是相辅相成的。"持诚"是澄衷优秀文化传统的延续和继承,是"求真"地开展工作的基石和保证;"求真"是澄衷优秀文化传统的光大与发展,是坚持"持诚"成效的集中体现。对学校而言,诚信是校魂,是学校代代相传的核心文化精神。

四、诚信是学生核心素养的要求

学生发展核心素养,是指学生应具备的、能够适应终身发展和社会发展需要的必备品格和关键能力。而"诚信"则是学生发展核心素养中的重要组成部分。

第一,诚信是成为合格公民的基本标准。诚信是为人处世的行为准则,是对每位公民的基本要求,也是现代社会物质文明、政治文明和精神文明的基础与标志。中学生作为社会的一员,理应形成以诚信为本、守信光荣、失信为耻的意识,培养自己的高尚品格。

第二,诚信是获取幸福生活的必要保障。诚信,体现着襟怀坦白、忠诚不欺的美德。小到朋友间的履行承诺,大到国家在国际舞台做出诚信表率,都能让人感受幸福。

在一个廉洁的社会,幸福感与诚信密不可分。当前,全社会对国民诚信道德体系建设广泛关注,人民群众的幸福感也日渐增强。中学生在小康社会中享受幸福生活,应践行诚实守信的为人准则。

第三,诚信是完成历史使命的重要条件。当代中学生作为中国特色社会主义事业的建设者和接班人,肩负着全面建成小康社会,构建和谐社会,实现中华民族伟大复兴的历史使命,但在现代社会,诚信的缺失又困扰着世界。社会发展的当务之急,就是要求社会成员有诚实守信的品德。青少年作为未来社会发展的中坚力量,其道德品质对社会的影响远胜于一般群体,其诚信品质如何,从某种程度上可以决定一个国家的生死存亡。因此,中学生一项很重要的任务是把自己培养成讲诚信、有担当的人,非此,难以完成历史使命。

对学生而言,诚信不仅是道德要求,更是素养要求。

第二节　诚信证书评价的实践探索

2020 年 10 月,中共中央、国务院印发了《深化新时代教育评价改革总体方案》,改革的重点任务包括对党委和政府的教育评价、对学校的评价、对教师的评价、对学生的评价和对用人单位的评价五大方面。改革对学生的评价,总体是要"树立科学的成才观",包括"完善德育评价""强化体育评价""改进美育评价""加强劳动教育评价""严格学业评价"五个方面,促进学生德智体美劳的全面发展。

我校开展的诚信证书评价,属于"完善德育评价"的范畴,是本校对学生进行综合素质评价的重要内容之一,也是学校在争创上海市特色普通高中的过程中对学生开展"现代商业素养培育"特色评价的重要组成部分。

一、对诚信证书评价的理解

（一）诚信证书评价的校本定义

经过高中三年系统的学校诚信教育,学生能理解诚信的内涵,规范诚信行为,进而培育诚信品格,最终以诚信证书的形式认可并评价其诚信学习的成效。

（二）诚信证书评价的建构逻辑

诚信证书是在中共中央、国务院印发了《深化新时代教育评价改革总体方案》的背景下对本校学生诚信教育成效的一种评价,是完善学生综合素质评价的一种方式。

它的评价主旨不是给学生贴标签,而是促进学生诚信素养的培育、学校核心文化的传承和学校特色的创建。因此,诚信证书颁发需要学校持续开展系统而深入的诚信教育,诚信证书本身不能代替诚信教育。

诚信证书的建构逻辑是围绕学生诚信认知和诚信行为可能存在的不足,明确诚信教育的主要内容,多途径地对学生开展诚信教育,提升学生整体的诚信素养,并以诚信证书的方式评价个体诚信教育的成效。

二、诚信证书评价的实践探索

(一) 广泛征集诚信问题

学校通过团委和学生处,向学生、班主任和青年团教师广泛征集学生中可能存在的不诚信行为,在此基础上,做了大致的归类,分为以下两个方面。

1. 学业与实践诚信

(1) 出勤方面:上学迟到;不遵守考勤制度,欺骗老师,编造理由请假;为了逃课或躲避考试佯装生病;旷课等。

(2) 作业方面:作业抄袭;作业未完成,假装没带,谎话张口就来;不按时交作业;答应在指定时间内补交作业但逾期未交;课代表偷拿别人作业并涂改姓名冒充自己的作业;课代表统计作业时因个人交情包庇同学;课代表自己没做作业,然后一个班都不收作业等。

(3) 上课方面:上课睡觉,佯装在听课;上课不懂装懂;体育课躲在教室里,不去操场;智能手表连手机,课上浏览微信;修改教室钟的时间让老师早下课等。

(4) 考试方面:考试时趁老师不注意东张西望,偷看别人答案;考试作弊打小抄;批好卷子发下来改答案,非说老师批错了;考试考砸对家长谎称没考试,或谎报成绩,或涂改成绩糊弄家长签名,或伪造家长签名;甚至有课代表提前偷看考卷并传播等。

(5) 实践方面:违背约定,说到做不到;约定时间迟到,或无故缺席;抄袭研究报告等。

2. 生活与交往诚信

(1) 校内:借钱不还;借东西不还;乱拿他人物品,不及时归还;捡到东西不归还;偷拿别人东西;班内传播流言,中伤非议他人;不服手机管理,或携带多台手机,或使用模型手机冒充真实手机;放学不按时回家;逃避值日或值日乱做;垃圾不分类;损坏公共物品不上报;用饮水机的水洗手;不守承诺,屡教不改;犯错总是找各种理由来逃避责任等。

（2）校外：做错事不告诉家长；回执代替家长签字；问家长多要饭费等。

（上述问题由校学生处副主任、学生团委书记邓敏负责征集，在此基础上做适当的归类整理。）

（二）系统开展诚信教育

诚信行为问题征集的目的之一是便于学校更有针对性地开展诚信教育，提升学生整体的诚信素养。

1. 诚信教育主要内容

（1）传统诚信教育内容

在我国，传统诚信寓言和故事广为流传，如一诺千金、曾子杀猪、季子的故事、晏殊的故事等。我们充分利用好学校教师与立信会计金融学院合作编写的学生诚信读本，挖掘校史故事，帮助学生理解"对己诚信，对人诚信"的深刻内涵，引导学生老实做人，诚实做事，友爱他人，慎独重诺。

（2）现代诚信教育内容

随着社会主义市场经济的逐步完善，学校除了对学生进行传统诚信教育外，更要通过相关学科课程的渗透，以及开展法制专题教育等，帮助学生理解"规则意识、法治意识、契约意识"等现代诚信教育的内容。

（3）实际诚信教育内容

学校立足学生的日常生活，对学生开展"学习与实践""生活与交往"等实际诚信教育内容，加强分类教育和针对性教育，提升学生的诚信度。

2. 诚信教育实施途径

教育部《中小学德育工作指南》明确规定："学校德育实施途径有课程育人、文化育人、活动育人、实践育人、管理育人和协同育人。"学校按照上述实施途径，系统地对学生开展诚信教育，提升学生的诚信素养。

（1）课程育人

学校将诚信教育内容细化落实到各学科课程的教学目标之中，融入渗透到教育教学全过程中。例如，范老师在高一数学"不等式的运用"复习课中，在引导学生用不等式知识论证了不准确天平秤卖出去的糖果分量重于标准分量后，对仍然主张诚信经商，宁愿自己吃亏的同学给予鼓励，润物无声地进行课程德育，充分体现人人都是德育工作者。除了充分发挥课堂教学的主渠道作用，学校还开设了校本课程"商帮之道——宁波帮""诚信漫谈""金融信用与生活""澄衷文脉与商学"等现代商业素养培育的选修课和慕课，专题性地对学生进行诚信教育。

（2）文化育人

学校创始人叶公诚信的故事曾被编入民国语文教科书。他因诚信起家，诚信发家。他的人格精神也深深地影响着他创办的学校,121 年来"诚朴"成为学校的核心文化精神。如今,学校的每个班级都有学生自己设计的诚信箴言,张贴有二十四字的社会主义核心价值观。学校邀请 1951 届校友、知名作家叶良骏编写了校本原创历史剧《天下之利》,历年演出,所有角色都由本校学生担任,全剧有六幕,其中第二幕专门介绍叶公拾金不昧的故事。全校师生在观演《天下之利》的过程中经历了一次十分生动又深刻的诚信教育。

（3）活动育人

进入 2000 年,学校与时俱进,将校训提炼为"持诚求真"。每年 9 月,学校对新生开展"六个一"入学教育,其中便包含"践行一条校训"。学校定期开展"三月诚信教育月"活动,包括"诚信"国旗下讲话、"诚信"故事比赛、"诚信"演讲比赛、党建带团建"诚信"主题班会、"诚信"黑板报评比、"诚信"英语课本剧比赛等,将诚信教育与学生的日常活动结合起来,全方位地实施。2020 年 8 月起,学校部分教师参与了上海市立信会计金融学院向市教委立项的"大中小学诚信教育一体化项目"读本的编写工作,该书面向全国发行。学校和上海社会科学院马学强教授团队合作出版了《诚朴是尚:从澄衷蒙学堂到上海市澄衷高级中学（1900—2020）》,该书已由商务印书馆出版,列入《百年名校与江南文脉》丛书。往后,学校的诚信教育可以跟校本的读书活动结合起来,学生的读后感可以在《澄衷》杂志上定期刊登。

（4）实践育人

学校诚信教育的目的,不仅要学生正确理解诚信的内涵,更要他们规范自己的诚信行为,进而形成诚信的品格。因此,学校要求学生在日常学习生活中践行诚信,例如遵守《中小学生守则》:"讲诚信。守时履约,言行一致,知错就改,有责任心,不抄袭不作弊,不擅动他人物品,借东西及时归还。"学校也将学生的校外社会实践与诚信教育结合在一起,如学校组织学生开展宁波研学旅行,参观宁波帮博物馆,体验宁波帮"诚信务实"的集体人格,组织开展"追寻校友足迹"活动,从校友身上感受诚信的精神等。

（5）管理育人

学校还将诚信教育贯穿于学校管理的每一个细节之中,形成诚信教育的合力。例如:期中和期末考试,学校专门开辟了无人监考考场,鼓励学生参加无人监考;要求教师开展电脑阅卷,对每个学生评分做到公平公正等。学校的每个班级张贴有"诚信品质、契约精神"的铭牌,上面有"我们的约定""我们的承诺"等班规。学生通过制定班级民主管理条例,让诚信意识和契约精神进一步内化,形成自我教育、民主管理的班级管理模式。

（6）协同育人

学校积极争取家庭、社会共同参与和支持学校的诚信教育,借助虹口区政府与上海立信会计金融学院合作共建的平台,校内成立中学生诚信文化研究中心,邀请上海立信会计金融学院教授来校开设"弘扬诚信文化,铸就立身之本"的讲座;组织学生前往上海市立信会计金融学院参观诚信文化长廊和会计博物馆,感受"立信"学校文化;加盟全国高校诚信文化联盟,做大做强学校的诚信品牌。

（三）开展诚信证书评价

诚信行为问题征集的另一个目的是便于学校更有针对性地系统设计诚信证书评价系统,更好地约束和引导学生的诚信行为,教育和评价双管齐下提升学生整体的诚信素养。

我们从知网查阅了相关文献,目前学校系统已有的诚信（证书）评价主要集中于高校和个别职校,诚信评价通常从"学业诚信、生活诚信、经济诚信和就业诚信"四个维度展开,评价技术通常与信息技术结合,评价实施常常是校内多部门、多主体参与,评价结果主要为就业单位提供参考。从已有的资料来看,中学生诚信（证书）评价没有找到直接相关的参考文献,一方面说明系统构建中学生诚信（证书）评价系统有一定的难度,存在一定的挑战,另一方面也说明本研究有实践的意义。

参照已有文献,结合本校学生的实际,为保障学校诚信证书评价的实施,我校初步设计了中学生诚信证书评价应遵循的原则、应包含的关键要素、应体现的主要功能、应设计的评价指标、应确定的评价标准、应划分的评价等级及应实施的评价流程等。

1. 诚信证书评价应遵循的原则

（1）教育性原则

教育评价决定教育的方向。诚信证书评价作为学校综合素养评价的重要组成部分,学校积极发挥其教育性职能,坚持教育为主的原则,以调动学生诚信自我教育、自我培养的自觉性。

（2）系统性原则

学生的诚信态度和诚信行为,会在学习和生活的方方面面表现出来。这就要求学校诚信证书评价指标体系遵循系统性原则,使评价指标体系有足够的涵盖面,能够全面充分地反映出学生的诚信素养,且各项指标之间相互独立不交叉,但又相互联系自成一体。

（3）比较性原则

开展诚信证书评价的主要目的之一是区分中学生诚信素养的差异。因此,诚信证书评价指标体系中,每个评价指标的定性、定量和适用范围都必须明确,以确保评价结果既可以用于自己的纵向比较,又可以用于和他人的横向比较,以切实提高学生整体的诚信素养。

（4）科学性原则

科学性原则是指所构建的诚信证书评价指标体系有其信度和效度,能科学地测评中学生的诚信度,能从主体上反映出他们的诚信素养,并对同类学校有推广价值。

（5）可操作性原则

可操作性原则主要包括:一是诚信证书评价指标可量化;二是量化指标与学生的诚信行为表现直接挂钩;三是指标既要能反映出学生诚信素养的内在要求,又不能太复杂,要方便操作。

2. 诚信证书评价应包含的关键要素

（1）正确的诚信观念

学生的一言一行都是其自身诚信价值观比较真实的流露。学生能否成为一个负责任、守信用的人,首先在于他的诚信价值观必须正确。

（2）积极的诚信态度

有了正确的诚信价值观,还必须要有积极的、与价值观相吻合的诚信态度,即中学生应该遵循的基本准则。

（3）负责的诚信行为

行为受价值观和态度的指导,只有做到知行合一,才能真正培育诚信品格。

3. 诚信证书评价应体现的主要功能

（1）评价功能

诚信证书评价,其中间过程是一种写实式的记录,它对学生的诚信表现有较为全面的描述,通过量化考核,可以较为全面地区分出不同学生的诚信度,达到评价的目的。

（2）激励功能

诚信证书评价,其中间过程以诚信电子档案来体现,良好的测评结果是学生一笔无形的财富,可以激励学生诚信做人、诚信做事,从而不断提高自己的诚信度。

（3）教育功能

诚信证书评价围绕诚信教育目标,通过"评价—反馈—自省—调节"的闭合环流,有助于学生树立和巩固诚信意识,形成良好的诚信品格。

4. 诚信证书评价应设计的评价系统

结合中学生的日常学习生活,学生诚信包含学习与实践诚信、生活与交往诚信两个维度的内容,每个评价维度又包含不同的评价指标,具体见表3-1。

表3-1 中学生诚信证书评价指标体系

评价维度	评价指标	评价内容	分值	评价标准
学习与实践	出勤情况	有事请假,按时到校,不迟到,不早退,不旷课	100	(1)迟到或早退一次扣5分;(2)旷课一天扣20分。
	上课情况	专心听讲,积极互动,不玩手机,不睡觉	100	(1)做与上课不相关的事情,一次扣5分;(2)上课玩手机扣20分。
	作业情况	独立作业,按时上交,认真订正	100	(1)迟交一次作业扣5分;(2)作业抄袭或不交一次扣10分。
	考试情况	遵守考场规则,诚信考试,不作弊	100	(1)考试违纪扣50分;(2)考试作弊扣100分。
	实践情况	履行约定,诚实填报,诚信研究	100	(1)无故迟到扣10分;(2)信息填报弄虚作假扣20分;(3)抄袭研究报告扣50分。
生活与交往	政治生活	积极参加党团生活,爱国、爱党、爱人民	20	(1)无故缺席升旗仪式、党团活动,一次扣10分;(2)发表不正当言论一次扣20分。
	人际交往	现实人际交往中诚恳、互信、守约	20	(1)对家长、老师、同学说谎,一次扣10分;(2)乱拿别人东西,或借别人东西不及时归还扣10分。
	公共责任	爱护公物,节约资源,珍惜粮食,认真值日,积极参与垃圾分类	20	(1)浪费粮食扣10分;(2)值日不认真做或垃圾不分类扣5分;(3)逃避值日扣10分。
	网络信息	虚拟网络交流中信息真实、承诺履约,没有恶意欺诈行为	20	网络交流中,散布流言,造成较坏影响扣20分。
	经济信用	有理财意识,量入为出,不恶意透支,不拖欠同学钱,按家庭真实信息申请助学金	20	(1)欠钱不还,数额较大扣10分;(2)按虚假信息申报助学金扣20分。

学习与实践诚信评价包含了出勤情况、上课情况、作业情况、考试情况和实践情况五个评价指标;生活与交往诚信评价包含了政治生活、人际交往、公共责任、网络信息和经济信用五个评价指标。每个评价指标都有相应的评价内容描述。

5. 诚信证书评价应确定的评价标准

学习与实践诚信评价维度基础分为 500 分,五个评价指标每个指标为 100 分;生活与交往诚信评价维度基础分为 100 分,五个评价指标每个指标为 20 分。诚信证书评价总体满分为 600 分。由于诚信是中学生应当具备的道德品质要求,所以只对不诚信行为采取扣分方式,例如学生考试作弊扣 100 分、考试违纪扣 50 分。每个评价标准所对应的扣分方式力求覆盖到学生的主要诚信问题,但又不面面俱到,以使评价更具有目的性和可操作性。

6. 诚信证书评价应划分的评价等级

评价分值 540—600 分,评价等级为 A,诚信度高;评价分值 480—539 分,评价等级为 B,诚信度较高;评价分值 420—479 分,评价等级为 C,诚信度一般;评价分值 0—419 分,评价等级为 D,诚信度低。

7. 诚信证书评价应实施的评价流程

中学生诚信证书评价的评价流程如图 3-1 所示①。

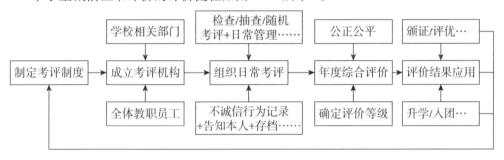

图 3-1 中学生诚信证书评价流程

为了更好地对学生的不诚信行为进行有效约束,每个评价指标的单项得分可以为负分,最后 10 个评价指标的得分总和才是最终的评价成绩。

三、诚信证书的颁发

(一) 诚信证书的颁发

学生系统接受高中三年诚信教育,三年诚信评价均在 C 档以上的,颁发诚信证书;存在明显的学业不诚信行为,如考试作弊、不交作业,且屡教不改,或者经常性上学迟到等,诚信评价为 D 档的,不颁发诚信证书;积极参与诚信教育且成效明显,诚信评价为 B 档及以上的学生,每学年有机会参加"诚信之星"的评选;三年诚信评价均为 A 档的学生,毕业时可以获得诚信奖章。

---

① 龙景奎,陈韶君.大学生诚信度评价系统设计[J].现代教育科学,2006(4).

（二）诚信证书对学生的意义

诚信教育作为学校综合实践活动课程的一个模块,和社团课程、研学旅行课程、研究性学习课程等共同组成综合实践活动课程,加上学校现代商业素养培育的校本选修课程以及与现代商业素养培育有机结合的学科课程一起,共同组成了学校的特色课程。高中三年,学生除了诚信证书外,还可获得现代商业素养课程结业证书,作为学校的特色评价记入学生的综合素质评价。

第三节　诚信证书评价的成效、反思与展望

反思近年的工作,有关诚信教育的开展和诚信证书评价的实施,我校既取得了一些成绩,也存在一些不足,需要我们进一步加以优化。

一、诚信证书评价的成效

（一）诚信教育对过往学子的深刻影响

"诚朴"作为学校的核心文化精神,已融入过往毕业学子的血液,成为他们为人做事的准则。例如,我国第一位海牙国际法院大法官,曾任外交部高级法律顾问,早年就读于澄衷,又在澄衷担任过英语教师的已故校友倪征(日奥),他在学校九十周年校庆时,为学校题写了"诚朴是尚"四个大字,并且写上"追忆母校校训"六个小字,以示不忘校训。无独有偶,1937届校友,声宝-乐声(香港)有限公司董事会主席兼卡尔登酒店集团董事会主席李达三先生,在学校一百周年校庆庆典上,说过这样一段话:"不论任何情况之下,我牢记在澄衷求学时代朴实勤俭做人的校训。有几个原则,我始终不变:第一是勤力,包括工作勤力及不断吸收新的科技、新的管理方法;第二对人忠诚,以诚致信;第三俭约,如有盈余,一大部分用于再投资。上述三原则使我增强实力,平稳度过了历来商场的波浪,包括三年来稀有的东南亚金融风暴。"

诚信作为学校的核心文化精神,需要我们代代相传。在新的时代背景下,我们从新中高级中学"专项证书制"综合素质评价中受到启发,以诚信证书的形式,持续开展诚信教育和诚信评价,取得了初步成效。

（二）诚信证书评价的初步成效

1. 从校内诚信问卷看成效

本次诚信度的测评,我们采用了《员工诚实守信教育读本》中的诚信度测试问卷①。高一高二高三共有470名学生(占学生总数的88.5%)参加了问卷,其中高一182名(占高一学生总数的94.7%),高二137名(占高二学生总数的78.3%),高三151名(占高三学生总数的91%),问卷结果如下。

全校24名学生,占比5%,得分介于0—10分之间,诚信度很高;376名学生,占比80%,得分介于11—20分之间,诚信度还可以;65名学生,占比14%,得分介于21—30分之间,诚信度不算高;5名学生,占比1%,得分介于31—40分之间,相当缺乏诚信。

从问卷结果来看,学生主体诚信度较高,只有极少数学生的诚信意识还有待加强。

2. 从校外课程调研看成效

受学校传统文化的深刻影响,走入澄衷的任何一个班级,走近任何一位学生,人人都会讲叶公澄衷拾金不昧的故事,人人都知道“持诚求真”的校训。学校师生之间以诚相待,形成良好的师生关系。从2020年10月虹口区教育学院组织的课程与教学调研问卷反馈看,122名学生(占被调研学生总数的84.72%)表示“毕业后一定会经常回来看望老师”或“毕业后如果有时间,会常回来看望老师”,有2名男生、4名女生表示“不清楚,没想过”,无人表示“不会再回来”。学生对学校的认同度明显高于同类学校。

3. 从学校发展辐射看成效

学校的“以诚朴校训引领学校德育及学生文化建设”被列为虹口区教育局践行和培育社会主义核心价值观核心项目。学校教师参与编写的中学生诚信教育读本面向全市发行;校史研究专著《诚朴是尚:从澄衷蒙学堂到上海市澄衷高级中学(1900—2020)》,被列入《百年名校与江南文脉》丛书。2015年1月22日,《“持诚求真”引领老校思变思进》在文汇报刊登;2018年12月1日,专题片《守正与创新》在上海教育电视台播出;2021年1月20日,学校校训上了学习强国平台。学校多年被评为上海市文明单位、上海市文明校园、上海市依法治校示范校等。

二、诚信证书评价的建设困境

2020年10月,中共中央、国务院印发了《深化新时代教育评价改革总体方案》,有人把它比作“第五代评价”。第一,教育评价的利益相关方均在其中,从党委政府、社

① 刘延兵.员工诚实守信教育读本[M].北京:中国言实出版社,2011.

会、学校、教师、学生再到家长,全面覆盖;第二,在纵向上构建大中小幼一体化的学生发展标准,前所未有;第三,在横向上建立德智体美劳和谐并进的发展标准,要素齐全;第四,在评价理念上突出核心素养的培育,立德树人;在评价技术上突出与人工智能、大数据等智能技术的融合。① 实施好这一教育评价方案意义重大,影响深远,但其面临的困惑和挑战也是明显的。

(一) 学校如何科学量化诚信证书评价

学生诚信可否进行量化评价? 这是摆在学校面前的问题。为此,学校应持之以恒地开展实践探索,既要反复比较,选择信度和效度较高的问卷测试学生的诚信意识,又要注意积累同一届学生的问卷数据,便于做对照研究,以使学校的问卷结果更有信度。学校的诚信证书评价体系构建既要有高校诚信研究专家的理论指导,也要有一线教师实践智慧的参与;既要有量化评价,更要有质性访谈研究的跟踪,必要时利用统计软件对诚信证书展开评价,以使诚信证书评价更有效度。

(二) 学校如何有效实施诚信证书评价

学校可否借助大数据技术对诚信素养培育进行科学评价? 依照目前的技术水平,要开发一个评价系统,甚至是手机端的 APP 不难,难的是谁来录入,何时录入,如何划分等第,这些都需要在实施层面反复磨合。每一个评价指标都需要落实实施主体,既不能太复杂,又不能遗漏重要数据。

好的评价不仅有评价功能,更应该有促进学生发展的功能。诚信证书评价可否加入学生的自我评价? 如果加入,又如何保证每一位学生对自己的评价是客观的? 人际交往涉及学生、教师和家长,家长能否不包庇自己的孩子,如实地实施考评? 网络信息是当下自媒体时代不可或缺的一个诚信证书评价指标,但对于网络诚信,学校如何全面获取准确信息,从而对全体学生实施考核? 除此之外,评价等第的确定,也需要做多次模拟评价,以使等第设定更科学。因此,如何有效实施诚信证书评价是一篇大文章。

(三) 诚信证书评价能否大中小学段有效衔接

比较中外诚信教育,最大的不同在于,我国过往更多是将诚信教育作为道德范畴来开展,而欧美国家则有相对完备的征信系统以及相配套的法律法规。社会征信系统的建立需要全社会的努力,学校能做的就是构建大中小一体化的诚信证书评价系统,通过评价进一步引导、规范和约束学生的诚信言行,并进一步培养学生的诚信品格。

---

① 常生龙.教育评价的前世今生[J].上海教育,2020(34).

三、诚信证书评价的未来展望

"做人要学叶澄衷。"在新的时代背景下,学校希望通过有形的诚信证书颁发,激发学生的内在自觉性,将诚信作为自己的内生要求和自觉追求,使澄衷走出来的学生比别的学校培养的学生更诚信,让学校的诚信精神代代相传。

诚信证书作为德育评价的一种有益尝试,希望和其他学校结成实验共同体,不同学段之间考虑诚信教育的有效衔接,相同学段之间考虑诚信证书评价指标的更科学设定和更精准实施,从而让诚信证书评价更具信度和效度,能在一定范围内辐射其他学校。

借助上海市立信会计金融学院在上海乃至全国高校中诚信教育"中央厨房"的作用,引入高校专业指导力量,在学校已成立的中学生诚信文化研究中心的基础上,立项市级课题,从诚信环境布置、诚信课程设计、诚信课程实施和诚信课程评价等方面,全方位地实施诚信教育,让诚信教育和诚信证书评价成为学校一张响当当的名片。

教育家陶行知先生曾告诫我们:"千教万教,教人求真;千学万学,学做真人。"需要特别强调的是,对于培养学生良好的诚信品格,诚信教育是主体,诚信评价贯穿始终,两驾"马车"并驾齐驱,共同确保学生诚信品格的养成。

第四章 对基于"阅读之星"专项证书的
综合素质评价的思考与实践

教育评价历来是教育发展的指挥棒、风向标和助推器。教育评价中的学生综合素质评价不仅是为了促进评价方式的改进,更是对"以人为本,促进学生全面而有个性发展"的价值观和方法论的追寻。综合素质评价不是为了甄别、筛选或证明,而是为了经历、成长和发展。

受上海市第四期"双名工程"刘爱国攻关基地以建立专项证书制度的具体形式进行学生综合素质评价的实践研究的启发和影响,作为基地成员校的上海市澄衷初级中学开展了基于"阅读之星"专项证书的学生综合素质评价,落实"融评于学,以评促学",追求全面的教育质量观的实践探索。

第一节 综合素质评价视角下的"阅读之星"专项证书的缘起

改革学生评价就是要打破单一维度的学业成绩评价,探索构建学生学习情况全过程纵向评价、德智体美劳全要素横向评价的综合素质评价体系,把学生当作一个完整的社会主义现代化建设接班人来评价。这样的学生评价才符合科学的教育发展观和人才成长观。这是笔者从刘爱国攻关基地基于专项证书的教育探索课题中得到的学习收获,也是澄衷初级中学开展综合素质评价视角下的"阅读之星"专项证书实践的逻辑起点。

一、对基于专项证书的教育探索的认识

随着 2017 年上海高考改革招生方案"两依据,一参考"的初步实施,上海学生综

合素质评价制度已经确立并取得了初步成果。由此可见,综合素质评价是大势所趋,是破"唯分数、唯升学、唯文凭、唯论文、唯帽子"的关键抓手。

评价指挥棒的变化必然带来教育观、教学观、学习观、学生观等的变革,影响学校的办学动向和教师的教育行为。基于专项证书的教育探索的课题研究正是从实践层面对如何推进学生综合素质培养和评价落地的一种探索,为成员校就中、高考改革背景下如何开展"全面"和"全程"的学生综合素质评价带来了新视角和新思路。

作为成员校之一的澄衷初级中学思考的是向基地的专项证书制度学什么和怎么学? 澄衷初级中学的专项证书又是什么? 为什么?

（一）学什么

基地系列专项证书的具体内容和框架路径固然要学习和借鉴,但更要透过现象抓本质,学其着眼点、关切点、发力点等内隐性的核心要义。

专项证书制度的核心要义在刘爱国校长所著《把分数拉长了看:奠基终身发展的高中教育》一书的自序中写得很清晰:"始终牢记教书育人的使命,要跳出狭隘的分数观,从只关注'冷冰冰的分',到全面关注'活生生的人';不仅要关注学生的学业,更要关注学生的综合素质和个性发展;不仅要关注学生的'今天',更要关注学生的'明天'。"①

所以,澄衷初级中学在设计自己的专项证书时务必要立足于学生的人生预备和奠基终身,务必要在尊重学生个性差异的基础上开展"全面"和"全程"的学生综合素质评价。

（二）怎么学

澄衷初级中学的思路是基于学情的"拿来主义",学习专项证书制度框架、路径背后的设计和实施原则,同时又对接新中考改革要求。

具体而言,澄衷初级中学的专项证书要借鉴专项证书制度设计与实施中体现出来的整体思维、过程思维、价值思维和主体思维,要运用这四种思维来设计和开展澄初基于专项证书的综合素质评价。

（三）四种思维是什么

整体思维,即全面地看问题。设计与开展专项证书项目时既要着眼学生的当下,又要兼顾学生的未来;既要关注学生的全面发展,又要凸显学生的个性特长;既要切合学生育人的需要,也要符合学校办学的需要。

过程思维,即用发展的眼光看问题。任何事物都是在内外因的交互作用推动下发

---

① 刘爱国.把分数拉长了看:奠基终身发展的高中教育[M].上海:上海教育出版社,2015.

展的,都会经历若干发展阶段。因而,证书的设计与项目的开展要贯穿学生综合素质评价的"全程",既要体现阶段性,又要显现发展性。

价值思维,即以科学的质量观看问题。人对世界的认识和实践有其目的性,是为了实现某种价值而进行的。因而,价值观决定了思维活动的价值取向。证书的设计和项目的开展必须放在教育的本原价值下审视,必须落实立德树人的根本任务。

主体思维,即激发人的自觉能动性来有效解决问题。人的能动性在证书设计与项目的开展中的作用以及如何发挥人的能动性,是解决证书设计与项目有效开展的前提和关键。

基于对专项证书制度的以上认识,澄衷初级中学从学情出发,确定了以"阅读之星"专项证书为抓手,开展综合素质评价的实践探索。

二、对综合素质评价视角下的"阅读之星"专项证书的思考

(一)学情分析

澄衷初级中学地处北外滩,近年来随着北外滩的开发,学校所在周边不断动迁,由此带来了生源结构的变化。学校对口入学的学生中,约70%为外来务工人员随迁子女。由于家庭生活环境复杂,结构多样,生活不稳定,学生普遍对自我成长的路径不清晰,存在得过且过的心态。这导致学生学习动力缺失,学习能力较弱,自信心不足。鉴于此,学校不断在思考如何通过课程、教学和评价助力学生拓展多元成才路,扬长发展,从根本上唤醒和激活学生的学习内动力,提高综合素质。

(二)设计"阅读之星"专项证书的初衷

受到基地专项证书制度行动研究的启发,学校从2019年9月起着手开展从语文学科整本书阅读项目入手,以"阅读之星"专项证书为抓手的综合素质评价的实践探索,希望借此以点带面,逐步开发学校活动领域、学科领域和跨学科领域中的其他项目学习和相应的专项证书,以这种形式的综合素质评价引导学生发现自己的多元优势领域,生发学习动力,优化学习方式,重塑自信心。之所以用语文整本书阅读及其对应的"阅读之星"专项证书开启破冰之旅,是基于以下思考。

1. 文以载道,书能传情

语文从根本上说是有关价值的事情,而不仅仅是信息或知识。语言文字是与民族文化传统以及民族精神紧密联系在一起的。语言文字渗透了民族个性,承载着一个民族的优秀文化,有着丰富的文化内涵和深厚的人文精神。

人民教育家于漪老师曾经对文化的作用作过一个比喻,她说:"和枪炮的强行侵略不同,文化如同一盆水,水对浸透在里面的纸的渗透是无孔不入的,最后这张纸就烂

掉了,拎不起来了。所以受怎样的文化熏陶就形成怎样的人生价值观。因此我们教师一定要用优秀的民族传统和文化来滋润我们的学生,同时引导他们吸收其他国家优秀的、先进的文化。这样,我们的学生就能立起来。一个国家如果没有先进的科技,一打就垮,如果没有民族精神和对生命的热爱,不打自垮。"因而,学校希望以语文整本书阅读项目为切入点,发挥语文学科以文化人的作用,助力澄初的学生不管将来从事什么职业,都能成为行为素质良好、拥有一颗"中国心"的社会主义现代化建设者。

2. 阅读是培养学生可持续性发展的基石

在现实社会中,培养学生的生存能力是需要的,但从长远的眼光看还要培养学生的可持续发展能力。可持续发展能力的培养离不开强大的学习力,而最基本的学习力就是人的阅读能力,因为阅读是人们获取信息、筛选信息和加工信息的重要手段。人们通过阅读去获得新知,通过阅读去自我反思,达到自我校正、自我进步的目的。阅读是最普遍的向他人学习的方式,人们可以通过阅读站在他人的肩膀上来构建自己的认知体系。

而在阅读中,整本书阅读又有其独有的价值,可谓一书一世界。尤其在充斥着碎片化浅阅读的当下,整本书阅读更有其现实意义。当你打开一本本不同的书籍,你就成了它的主人。书中的内容随你翻看,书中的声音供你倾听,书中的思想任你评判,整本书阅读能让你直面本心、读出本我。学校希望澄初的学生能通过整本书阅读项目拓宽阅读空间,提高阅读能力,丰富情感体验,发展综合素养,同时也能体会到开卷有益,养成终身阅读的习惯,让阅读成为学生的一种生活方式。

3. 对接语文教改的要求

2019 年 9 月起,全国中小学统一使用教育部编写的语文教材,也就是"部编版"教材。"部编版"教材在编写时更加重视课外阅读和语文素养的培养。"部编版"教材的全面推行以及近年来上海中考语文卷中文章篇幅的拉长让我们清醒地认识到这些改革措施直接指向学生的阅读量和阅读素养。阅读的地位在语文学习中大大提升。

然而,现在的学生往往习惯于碎片化阅读,对整本书阅读并不感兴趣。他们阅读范围广,但数量有限,尤其对名著经典的阅读更加有限。他们的阅读目的单一,阅读方式缺乏正确引导,不知道应该看什么、如何看,导致盲目阅读,难有收获。

其实,现代作家、教育家叶圣陶先生早就已经指出"要把整本书作主体,把单篇短章作辅佐",明确提出要读整本书。叶先生认为,国文教学的目标之一是养成阅读书籍的习惯。当下看来,这依然是语文学习的核心之一。因而,学校确定在已有的语文阅读教学中增加整本书阅读项目,进一步提高学生阅读的量和质,对接语文教改。

4. 为开展综合素质评价提供丰厚的实验土壤

综合素质从广义上讲,就是学生德智体美劳得到全面发展。上文的思考一至思考三已表述了语文整本书阅读与促进学生综合素质发展之间的关系。因而,与语文整本书阅读配套的基于"阅读之星"专项证书的综合素质评价探索就得以开展。

综上,澄衷初级中学基于"阅读之星"专项证书的综合素质评价实践秉承了基地专项证书制度的内涵,即融评于学,以评促学,追求全面的教育质量观。它既聚焦学生的单项,也聚焦学生的全面;既关注学生的当下,又关注学生的未来。

第二节　综合素质评价视角下的"阅读之星"专项证书的实践

"阅读之星"专项证书由两部分组成,一是在六到九年级全覆盖开展整本书阅读项目;二是以"阅读之星"专项证书为具体形式,认可并评价整本书阅读项目的成效。项目的设计与实施注重以综合素质评价引领项目的开展和深入,运用整体思维、过程思维、价值思维和主体思维四种思维方式,将综合素质评价贯穿于项目的全过程。学生借助各年级项目评价量表的使用,不知不觉中将评价指标内化为自己的实践体验,明白了自己通过项目要学什么和学到了什么。在融评于学的过程中,评价发挥了其以评促学,对学生持续的动态激励作用。

一、整本书阅读项目的开展

(一) 项目开展的基本思路

项目开展的基本思路是教师先设计出一个贯穿于六年级至九年级的项目主题,即"爱阅读、会阅读的孩子长什么样"和"整本书阅读会给我们带来什么样的阅读体验",然后每个年级的学生在该主题的统领下,围绕每本书自身的驱动性问题,开展整本书阅读,在小组合作中完成相关任务群和成果展示,并参与配套的集星评价活动。学生在整个阅读活动中通过对项目主题的不断思考、体验和回答,为爱阅读、会阅读的孩子画像,内生出他们对阅读价值的认同。最后,学生在毕业时将根据集星结果换取一张"阅读之星"专项证书。

(二) 项目开展的主要步骤

项目开展分为以下五个步骤。

1.确定各年级阅读书目和阅读重点策略

首先,在全校学生中开展"整本书阅读现状"的调查问卷,为制定学习任务群提供数据资源。其次,根据学生的年龄特点、教材的要求和问卷结果确定各年级阅读书目和阅读重点策略。六至九年级的书目类型、必读书目和阅读重点策略见表4-1所示。

表4-1 六至九年级的书目类型、必读书目和阅读重点策略

年级	书目类型	必读书目	阅读重点策略
六年级	优秀中外儿童文学	六上:《童年》(苏)高尔基	大声朗读、默读
		六下:《鲁滨逊漂流记》(英)丹尼尔·笛福	
七年级	优秀中外儿童文学	七上:《朝花夕拾》鲁迅	快速阅读、圈画和批注
		七下:《海底两万里》(法)儒勒·凡尔纳	
八年级	中外名家经典著作	八上:《昆虫记》(法)亨利·法布尔	选择性阅读和摘抄做笔记
		八下:《傅雷家书》傅雷、朱梅馥等	
九年级	中外名家经典著作	九上:《水浒传》施耐庵	精读泛读并举
		九下:《简·爱》(英)夏洛蒂·勃朗特	

就书目类型而言,六年级以儿童文学和历险记为主,七年级以现当代文学作品和科普文为主,八年级以人物传记和家书为主,九年级以中国古典小说和外国文学作品为主。书目类型在专家的指导下几经修改,最终使阅读书目里的推荐书籍更具特色,更凸显主题,也更符合学生的阅读层次。在此基础上,教师为学生挑选了一学年两本精读书籍、二十本泛读书籍,为学生的课外阅读指明方向。

2.制订读书计划,组建阅读项目小组

各班根据人数和学情,组建阅读项目小组。组建的过程要考虑到阅读学习的方便性、相似性、补偿性等情况。每组成员共同制订一份读书计划,写明日期、阅读章节等。

3.每学期从推荐书单中选择一本必读书籍,开展项目学习

项目学习分为下面三个阶段。

第一阶段是导读课。教师引导学生开展头脑风暴,针对文本进行广泛提问,然后筛选整合这些问题,将其转化成串联整个学习过程的驱动性问题,并明确学习目标和学习任务。

第二阶段是指导课。为了能使各项目小组的任务有序、推进有效,指导课中教师

教会学生搭建有助于深层阅读的支架,以促使项目的顺利完成,比如思维导图、学习单、朗读打卡等,利用这些工具帮助阅读持续深入地推进。

第三阶段是汇报课。汇报课就是学生举行项目成果发表会,回顾项目历程,展示阅读成果,分享阅读收获。

4. 编制评估学习过程和学习成果的评价量表

为了提高评价的精准度,教师根据年级特点和任务群的不同,设计了针对不同年级的评价量表。六、七年级的评价量表有两张,分别是指向读后感质量的评价表和指向成果汇报展示的评价表。八、九年级共用一套评价量表,除了指向探究报告和成果汇报展示的评价表之外,还增加了一张指向小组合作管理成效的评价表。各年级的评价量表见表4-2至表4-8所示。

表4-2　六年级整本书阅读读后感评价表(个人填写)

评分要点	自评	组评	师评
你能清晰明了地告诉大家作品的主要内容吗?	☆☆☆	☆☆☆	☆☆☆
你能通过读后感具体、真实地表达自己的感受吗?	☆☆☆	☆☆☆	☆☆☆
你的语言表达是否通顺、有条理?	☆☆☆	☆☆☆	☆☆☆

表4-3　六年级整本书阅读成果汇报展示评分表(小组填写)

小组名称:＿＿＿＿＿

成果类型(请在相应选项中打√):

1. 手抄报(　　) 2. 思维导图(　　) 3. 读书卡片(　　) 4. 其他(　　)

评分要点	自评	他评	师评
你们的成果内容能体现本书的重点吗?	☆☆☆	☆☆☆	☆☆☆
主讲人语言表达准确、流畅、自然吗?	☆☆☆	☆☆☆	☆☆☆
主讲人能较好地运用动作、手势、表情等帮助表达吗?	☆☆☆	☆☆☆	☆☆☆
PPT能配合表达成果吗?	☆☆☆	☆☆☆	☆☆☆
本阅读成果对后续阅读或其他书的阅读有启发作用吗?	☆☆☆	☆☆☆	☆☆☆
演讲是否控制在3—5分钟之间?	☆☆☆	☆☆☆	☆☆☆
请就阅读中的任意环节发表你们小组的思考或建议:			

表4-4　七年级整本书阅读读后感评价表(个人填写)

评分要点	自评	组评	师评
能够清楚、完整地概括出作品的主要内容。	☆☆☆	☆☆☆	☆☆☆
结构清晰,"读"与"感"的结合点明确。	☆☆☆	☆☆☆	☆☆☆
能够围绕"读"与"感"具体、真实地表达自我感受。	☆☆☆	☆☆☆	☆☆☆
语言表达通顺、有条理。	☆☆☆	☆☆☆	☆☆☆

表4-5　七年级整本书阅读成果汇报展示评分表(小组填写)

评分指标	评分要点	自评	他评	师评
成果类型	(请在相应选项中打√) 1. 手抄报(　　) 2. 思维导图(　　) 3. 读书卡片(　　) 4. 其他(　　)			
成果内容 实施情况	1. 内容为本书的重点,对后续阅读或其他书的阅读有启发作用。	☆☆☆	☆☆☆	☆☆☆
	2. 内容表达准确,图文配合密切。	☆☆☆	☆☆☆	☆☆☆
成果汇报 情况	1. 汇报者语言表达准确、流畅、自然,PPT能配合表达演讲的内容。	☆☆☆	☆☆☆	☆☆☆
	2. 汇报者精神饱满,能较好地运用动作、手势、表情,表述成果。	☆☆☆	☆☆☆	☆☆☆
	3. 与同学有互动,能引发其他同学的思考。准确掌握演讲时间,5分钟以内。	☆☆☆	☆☆☆	☆☆☆
请就阅读中的任意环节发表你们小组的思考或建议:				

表4-6　八、九年级整本书阅读探究报告评价表(个人填写)

评分要点	自评	组评	师评
报告内容翔实,框架合理。	☆☆☆	☆☆☆	☆☆☆
观点明确,分析深入,逻辑性较强。	☆☆☆	☆☆☆	☆☆☆
文笔流畅,文字优美,可读性较强。	☆☆☆	☆☆☆	☆☆☆
我的整本书阅读体会有启发性。	☆☆☆	☆☆☆	☆☆☆

表4-7 八、九年级整本书阅读成果汇报展示评分表(小组填写)

评分指标	评分要点	自评	他评	师评
创意及总体设计	1. 观点正确、鲜明、深入。	☆☆☆	☆☆☆	☆☆☆
	2. 规划实操性强,人员安排合理。			
内容实施情况	1. 突出本书重点,对后续阅读或其他书的阅读有启发。	☆☆☆	☆☆☆	☆☆☆
	2. 内容表达准确,图文配合密切。			
汇报情况	1. 汇报者语言表达准确、流畅、自然,能配合PPT熟练表达演讲内容。	☆☆☆	☆☆☆	☆☆☆
	2. 汇报者精神饱满,能较好地运用动作、手势、表情,阐述研究情况。			
	3. 与同学有互动,能引发其他同学的思考。准确掌握演讲时间,5分钟以内。			
其他加分项		☆☆☆	☆☆☆	☆☆☆

表4-8 八、九年级整本书阅读小组合作管理评价表(小组填写)

学校:_____ 班级:_____ 小组:_____ 时间:_____

项目名称			
组长		组员	
活动起止时间		指导老师	

活动中组长的作用发挥如何?(能否积极为小组服务?能否合理分配任务?能否做好材料的收集、整理工作?)

活动中合作情况如何?(每个成员能否积极参与小组活动,并认真完成任务?小组成员间能认真倾听、互相帮助吗?小组合作氛围是否和谐愉快?)

活动中遇到哪些困难,怎样克服?(要求填写具体的事情和详细的解决办法)

活动中有什么亮点?(比如,哪些同学有某些亮眼表现)

活动中存在哪些不足,可以如何改进?(比如,观察、记录、分析等)

5. 项目学习的延伸

各备课组制定学科周、"读书节"活动方案,通过学科竞赛和学科主题活动激发学生阅读兴趣,巩固基于项目学习的整本书阅读效果,丰富学生的阅读生活,比如七年级开展了"消除与经典的隔膜——我读《朝花夕拾》"的活动,八年级开展了"朗读名著,品味经典"的活动。

(三)项目开展的典型案例

整本书阅读项目开展至今,已涌现出若干可借鉴的案例,下面展示两例。

1.《走近鲁迅》群文阅读研讨课

针对大部分学生习惯了单篇文章的阅读,而对整本书阅读有畏难情绪的问题,2020年5月,李老师开了一节《走近鲁迅》的群文阅读研讨课,为后续《朝花夕拾》的阅读作铺垫。

她将"走近鲁迅"确定为群文阅读课的核心,以"作者眼中的鲁迅是一个怎样的人?"为驱动性问题,把教学路径设定为从课内《我的伯父鲁迅先生》展开(回答问题①作者回忆了伯父鲁迅先生生前的哪几件事?②谈《水浒传》时的鲁迅是怎样的一个形象?),链接群文阿累的《一面》(任务单①鲁迅的肖像描写)、巴金的《永远不能忘记的事情》(任务单②详细列举追悼会上的人和事的作用)、鲁迅的《故乡》(节选),环环相扣,走近鲁迅;将学习目标设定为引导学生摆脱对人物单一形象的定式思维,认识到多方面塑造人物形象的必要性和重要性;通过群文阅读,激发学生整本书阅读的兴趣,进一步感受鲁迅先生的人格魅力。

整堂课切合学生的学习实际,以人物描写为抓手,串讲一首现代诗歌、两篇散文、一篇小说节选,阅读涉及四个作家,教学过程中运用了任务驱动、朗读激发、阅读圈画、任务单质疑、小组活动等方法,最终实现带领学生一步步走近鲁迅的阅读目的。该群文阅读的尝试无疑为后续整本书阅读打下了一定的基础,帮助学生从心理上消除对整本书阅读的畏难情绪。

2.《城南旧事》阅读成果汇报课

学生的核心任务是分组完成对书中某个人物的评价,阅读成果是制作一份《城南旧事》人物介绍手抄报并在汇报课上展示。手抄报上要归纳出被选定的人物的性格。

六个人一组,全班分成四组。每一组所分析的人物不同,但所要完成的任务一致。

(1)阅读整本书,选定人物形象进行分析。

第一组着重阅读序言,了解英子的形象。第二组着重阅读《惠安馆》第一章节,了解英子的玩伴——妞儿的形象。第三组着重阅读《惠安馆》第一章节,了解秀贞的形象。第四组着重阅读《爸爸的花儿落了》,了解爸爸的形象。

(2)通过深入阅读,画出选定人物的简笔画。

(3)归纳选定人物的性格特点。

(4)挑选章节,分角色朗读,在朗读中体会人物性格。

(5)制作手抄报并做好展示的准备。

学生可以根据自身兴趣和特长,领取相应任务。也就是说,整组有一个大任务,落实到每个人都会有一个分解的小任务。学生既要发挥自己的长处,又要有团队合作的意识。最后,小组的成员全体上台展示本组的阅读成果。

这个环节在整节汇报课中占据了一半的时间,也是这节课的亮点。学生在完成这个环节的任务时,每个人都挑选了自己擅长或者愿意去尝试的任务,优势互补,分工合作。此外,在展示成果时,每个学生都上台了。不管表现如何,他们的综合能力得到了锻炼,自信心得到了提升。同时,在来自同伴们的掌声中,他们感受到了集体的温暖和力量。

二、"阅读之星"专项证书的颁发

(一)"阅读之星"专项证书的设计思路

"阅读之星"专项证书是进行学生综合素质评价的具体形式。它的本质是要体现综合素质评价对学生发展的促进作用。因此,在操作中我们遵循"多元、激励"四个字来设计评价量表和"阅读之星"称号。

"多元"体现在我们有意识地设计了多类别、多层级和多维度的评价量表,以此多元化地评价学生的学习过程和学习成效,让学生通过有形的评价量表感受到整本书阅读带给他们的无形却又真实存在的阅读经历、情感体验和成长收获。同时,教师通过评价量表的反馈也能及时修正评价指标,优化项目,确保项目的有效推进。

评价量表的多类别反映在结果性评价和过程性评价配套使用,比如读后感和探究报告评价表、成果汇报展示评价表侧重结果性评价,小组合作管理评价表侧重过程性评价。它们优势互补,以促进和激励学生的学习。评价量表的多层级反映在既有聚焦阅读成效的读后感和探究报告评价表,又有针对项目汇报的展示评价表,还有关注小组合作的管理评价表;有针对低年级的评价表,也有适用于高年级的评价表。评价量表的多维度反映在既有考量阅读量的指标,又有考量阅读质量的指标,还有考量思考力、表达力、组织力等综合能力的指标。

"激励"体现在"阅读之星"称号虽有分档,但都是正向的,且根据年级的上升发生变化,以符合学生的年龄和学习特点。低年级的"启航星""远航星""遨游星"称号可爱活泼些,寓意着经典名著如千万条河流,引我们去看大海的风景;高年级的"善读星""好读星""乐读星"严肃传统些,希望学生在书海遨游中能体验到圣贤孔子所言的"知之者不如好之者,好之者不如乐之者"。

（二）"阅读之星"专项证书的获得方式

"阅读之星"专项证书的获得分每学期和毕业前两个时间段进行。首先是每位学生参加每学期的整本书阅读集星活动,也就是说使用评价量表完成学习评估后,每位学生可以获得一定数量的星星。学生根据星星的数量获得分档的"阅读之星"称号。具体而言,六、七年级评价量表上星星的总数为81颗,集了27颗以下、27颗至53颗和54颗及以上的学生分别获得"启航星""远航星""遨游星"称号。八、九年级评价量表上星星的总数为72颗,集了24颗以下、24颗至47颗和48颗及以上的学生分别获得"善读星""好读星""乐读星"称号。

毕业前学生根据分档称号的数量获得一张"阅读之星"专项证书。具体而言,"启航星""善读星"属于第一档称号,其他称号分属第二、第三档。四年中只要获得过第二档及以上称号的学生都可以得到一张"阅读之星"专项证书。

第三节　综合素质评价视角下的"阅读之星"专项证书的成效和反思

"阅读之星"专项证书带给了我们认识教、学、评三个关键教学环节的新视角。任何一个环节都要牢牢把握立德树人这个根本任务,树立评价应服务于学生主体发展、服务于教与学的意识。以下是综合素质评价视角下的"阅读之星"专项证书带给我们的具体收获与反思。

一、项目成效

（一）加深了对学生评价的理解

1. 学生评价正在从"育分"式评价走向"育人"式评价

谈到学生评价,可以用"几家欢喜几家愁"来描述我们对它的情感。之所以这么说,是因为评价是一把双刃剑,用得好,可以激励孩子更好地成长,可是一旦使用不当,就会成为挫伤孩子内心的一把利器。

学校的学生评价伴随着教育改革的前进步伐跨过了多个阶段。从最初基于诊断、认证和选拔的需求,追求结果客观化、标准化的"育分"式评价逐渐发展到关注过程,师生、家长共同参与建构,用更多样的价值来描述学生行为的"育人"式评价。具有建设性、发展性的评价观正在形成。

2. 用"绿色"评价观指导评价量表的设计

在"阅读之星"专项证书中,我们尝试着用"育人"式评价这种"绿色"评价观指导评价量表的设计。以八、九年级的评价量表为例,原本我们只设计了表4-6整本书阅读探究报告评价表和表4-7整本书阅读项目汇报展示评分表,但仔细思量后,我们发现表4-6和表4-7虽然聚焦点不同,但都指向结果。那么,学生过程性的表现需不需要评价,又如何评价呢?

当我们重新思考评价的功能,答案不言而喻。评价不仅是对学习结果起到反馈和量定的工具,更是一种教育方式,具有育人的属性。含有育人因子的评价指标能引导学生形成积极向上的情感体验和价值追求,于是表4-8整本书阅读项目小组合作管理评价表就在这样的认识下诞生了。这张表关注小组合作开展的情况:组长的作用发挥如何? 每个成员的表现又如何? 大家是如何克服困难的? 有什么亮点值得发扬? ……开放性的评价指标给了学生反思的空间。学生们的责任感、意志力、协作力、对真善美的感悟力、共建共享的理念等在回顾和收集事例的过程中得到了培养。

3. 综合素质评价关乎教育公平

综合素质评价除了具有育人的功能外,从大处讲,还涉及教育公平。这个角度的思考是从小组里总有几个"跟不上"的孩子引发出来的。在现有的整齐划一的教学制度下,总是有些孩子跟不上大部队的步伐,教师也无法完全解决他们的问题。那么该怎么办呢?

事实上,比起入学机会公平和资源分配公平,我们认为学校内部的教育公平是一个更值得探讨的话题,因为我们一线教师可以在这里有所作为。在学校内部,教育公平应表现为:尊重差异,为不同的孩子提供不同的机会,赋予他们个性化的评价,让天赋、秉性不同的孩子都能成为自己,而不是成为他人。正如有位校长曾经形象地打过比方,真正公平的教育应该是让"小鱼尽情游泳,小马尽情奔跑,小鸟展翅飞翔"。

尊重差异,所以在小组合作中,我们鼓励学生扬己所长,强强联手,让项目成果趋向更好,并有意识地增加正向的个性化评价,比如评价指标"活动中有什么亮点"。"新教育实验"的发起人朱永新教授曾说过"最好的教育不是补短,而是扬长"。在强强联手的同时,学生把自己的优点张扬出来,这时他就会感到快乐。在项目成果趋向更好的时候,学生就能获得存在感和成就感。对不同的学生实施正向个性化评价时,评价就能充分发挥它的激励作用。有了这些积极的体验,学生就会发现学习原本是一件"苦中有乐"的事,会投身于"苦中作乐"。

以《城南旧事》的整本书阅读为例,沈老师在她的反思中这样写道:

项目为学生搭建了一个良好的自我展示平台,每位同学都参与其中,扬其所长。我在设计时,将一个阅读任务分成了三个小任务进行,这样做既减轻了学生对任务的恐惧感,又能让他们自由发挥自己的特长或兴趣,去充分地展示自我。事实证明,这个方法效果显著。当我出示阅读任务时,同学们都感到有些难,脸上露出了畏难情绪。可是当我给他们分好组,将一个阅读任务分成三个小任务时,同学们都轻松了不少。

当我宣布大家可以小组分工、自由选择小任务时,同学们都跃跃欲试,明显对这个任务有了兴趣。几乎所有的同学都领取了自己擅长的任务。比如:朗读出色的同学,选择了分角色朗读的任务;擅长绘画的同学,选择了给人物画简笔画或思维导图的任务;表达能力强的同学就担任了交流汇报的任务。同学们在完成这些任务时,格外认真也格外愉快。因为每个人在任务中都找到适合自己的点,他们就能在适合的平台上充分展示自我的才能,同时因为任务分得细,老师和同伴能更有针对性地对每位同学的表现做点评,这是一个提升他们自信心非常好的办法。

我们相信在尊重差异的基础上设计的学习任务群和个性化的评价最终会助推学生综合能力的发展。

（二）提高了学生的综合素质

从学生参与集星评价的积极性和学习成效来看,"阅读之星"专项证书对学生的成长起到了促进作用。

1. 丰富了学生的精神世界

经典名著的阅读价值不言而喻。但价值的实现与否取决于我们是否读以及怎么读。整本书阅读因为有真实而又有挑战性的驱动性问题,有任务群和成果展示,有以小组合作这种更贴近未来工作场景的学习方式,有对阅读行为进行全程且全面的集星评价,这些都能激发学生对整本书阅读的兴趣,促进学生把阅读的过程转化为持续的学习实践,在实践体验中受到经典作品内含的家国情怀、人生哲理、处事待人等育人元素的浸润和影响,哺育自己的精神成长。

2. 优化了学生的思维品质

长期以来,学生的思维存在表层化现象,即"学生的思维没有真正启动,或没有达到应有的高度"①。福建师范大学余文森教授在《核心素养导向的课堂教学》一书中讲到了学生思维表层化的一些具体表现,比如学生思维上的依赖性:"书上怎么说、老师怎么讲,就怎么去思维,人云亦云,依葫芦画瓢,缺乏独立思考能力。不敢大胆质疑和推测,不会自己去发现问题、思考问题,更缺乏变通地分析问题和处理问题的能力,形成思维的封闭状态。"②

整本书阅读需要学生通过独立思考、创新思维和合作学习,整合分散的学科知识和技能,以应对真实情境中学习任务群的挑战与问题。这种强调深度学习的学习模式无疑会改善学生思维表层化的现象。比如,八、九年级整本书阅读探究报告评价表中"我的整本书阅读体会有启发性"指标倒逼学生思考写整本书阅读体会仅仅是为了完成一个学习任务,还是通过写体会沉下心反思:整本书阅读究竟给自己带来了什么?自己的感悟又能给自己的学习伙伴带去什么?

3. 培养了学生的劳动观念、审美情趣和悦纳他人的品性

无论是感受经典名著所蕴含的对真善美的追求,还是手抄报、阅读探究报告等阅读成果的形成,或是向小组其他秉性天赋、情趣特长不同的组员学习,都离不开学生对美的认识,对劳动创造美好的感悟,对"各美其美,美美与共"的认同。

就小组合作学习,学生是这样感悟的:"既然是一个团队来完成任务,就会有思维的碰撞。我们在小组中既要敢于提出自己的想法,也要有包容他人想法的胸襟,这样的学习方式培养了我们团队合作的意识和能力。""在每次成果汇报时每个人都会有上台的机会。对于一些羞于表达自己的同学来说,这样的方式能使他们得到很好的锻炼,性格也渐渐变得开朗了。"

(三) 改进了教师的教育行为

"阅读之星"专项证书的实践探索,不仅带来了评价技术和学生学习方式的改变,随之而变的还有教师。

1. 以"育人"式评价指导学习活动的设计

在项目实践中,因为心中有了以育人为核心的学生评价这根无形的"指挥棒",教师对学习活动的设计有了更深刻的认识。

以终为始。原本排在教、学、评序列末端的评价正逐步成为教研和教学的依据。教师认识到评价的导向是什么,所设计的活动就必须符合评价的导向,这样才能提高学习成效,才能达成育人的目标。就这样,教师将学习、设计、实施、反思、改进融为一

---

① 余文森.核心素养导向的课堂教学[M].上海:上海教育出版社,2017.
② 余文森.核心素养导向的课堂教学[M].上海:上海教育出版社,2017.

体,教师的学习动力、教学设计力和思辨力在无数次交流、研讨和推敲中得到提高。比如,为提高学生的思维品质,教师就要培养学生在整本书阅读中学会思辨。学会思辨的策略之一就是倡导问题导向,鼓励批判性思维。当然,设计怎样的问题是关键,因为问题的质量或深度决定了学生思维训练的质量。

因而,在驱动性问题的设计中,教师通常会为了创建一个让学生听起来"有点酷"的问题而斟字酌句,绞尽脑汁,因为教师深知只有通过有挑战性的问题才能激发学生求知的渴望,引发学生的思辨。我们设计的诸如"爱阅读、会阅读的孩子长什么样""整本书阅读会给我们带来什么样的阅读体验"等驱动性问题就是在教师反复推敲下形成的。这样的问题有开放度,有利于学生多角度、多层面地看待事物,形成批判性思维。

2. 强化了提高课堂教学有效性的意识

更有意义的是学习活动设计能力的提高在不知不觉中又促使教师反思日常课堂教学中教学活动开展的有效性,在一定程度上倒逼了课堂教学的改变。比如,当教师认识到读完整的书、完整地读书有助于学生培养全局意识、训练系统思维,而全局意识和系统思维又是非常重要的一种思维品质时,他们在整本书阅读探究报告评价表的指标里就有意识地放入了"我的整本书阅读体会有启发性"这项引导学生建构全局观的指标。同时,又设计了"整本书阅读会给我们带来什么样的阅读体验"和"爱阅读、会阅读的孩子长什么样"这两个对学生而言较为宏观的驱动性问题。学生要想回答这两个问题,就必须全身心地投入到整本书的阅读中,在阅读中反复咀嚼品味这两个问题,才能给出基于自身整本书阅读经历和体验的,且站在全局的高度进行思考后形成的答案。

来自学生切身体会和整体思考后的答案经过教师和学生的共同梳理,还可以摇身变为整本书阅读的评价指标。因为诞生于学生的自然学习过程,这样的评价指标就更能得到学生的认同,从而内化为学生自觉的阅读行为。

涵盖全局观的评价指标还强化了语文教师的大语文教学观和课堂教学整体化设计的意识。教师认识到对教材文本过度"精耕细作",过多"咬文嚼字"和面面俱到会使学生习惯于"见叶不见树,见树不见林",不利于知识体系的构建和语文素养的培养,学生成人后容易陷在小格局里。

二、项目优化

虽然基于"阅读之星"专项证书的综合素质评价在澄初校园取得了一定的效果,但仍有很多可以改进的点。

（一）项目改进点

目前,我们梳理出来的问题主要有以下两个。

1. 评价量表指标的设置不够精简

具体表现为:量表中的评价指标存在过多、过细的问题。过多、过细必定会影响学生的体验度,徒增干扰,影响实施评价的可操作性。评价量表的填写一旦费时费力,势必会成为师生的负担,这样就会失去它本应有的功能。

2. 评价量表的设计还应更多样化

具体表现为:目前的评价量表采用的是过程性评价和结果性评价相结合,但过程性评价中给予学生反思的空间还不够大,增值性评价运用也不多,致使评价服务学生、服务学习的功能发挥得还不够充分。

（二）改进设想

1. 关于问题一

问题一的产生与教师对评价的认识不够有关。经过反思,我们认识到当我们为了评价而评价时,我们设计的评价量表就会无意中贪多求全,希望评价指标能全方位覆盖到整个学习过程,从而影响了体验度和可操作性。当我们厘清了我们是和学生一起借助评价量表评估他们在关键环节中表现出来的关键能力和品行养成,进而激励他们不断前行时,现有的那些指标就可以进行删除、整合等调整。

再有,现有的评价指标都是教师主导设计的,难免会从教师的眼光出发,将教师的主张强加给学生,带有固化思维。我们可以鼓励学生参与设计评价指标,引导他们自己在思考中慢慢探索。在让成长通过评价"看得见"的同时,也让学生在参与评价指标设计的过程中获得成长,让学习和评价实现良性互动。

2. 关于问题二

问题二的产生同样与教师对评价的认识和思考深度还不够以及设计、实施有效评价的能力尚不强有关。对于如何增加学生的反思空间,我们可以借鉴美国巴克教育研究院设计的学生自我反思表(见表4-9)[①],引导学生进行自我评价或同伴评价。通过自我反思表引发学生反思整个学习过程,有助于学生的自我教育和批判性思维的形成。

---

① 陈浊,刘徽.立足于真实情景的测评——项目式学习的评价[J].上海教育,2020(26).

表4-9　美国巴克教育研究院设计的学生自我反思表

想一想你在项目中都做了什么,项目进行得如何? 在空白处填写相应内容。	
学生姓名	
项目名称	
驱动你进行该项目的问题	
项目的主要环节	
关于自身	
• 你从项目中学到的最重要的东西	
• 你最想要花更多时间或会采用与以往不同的方式去做的环节	
• 你觉得做得好的环节	
关于项目	
• 项目中你最享受的部分	
• 项目中你最不享受的部分	
• 你觉得教师应该如何改进	

增值性评价是目前国际上最为前沿的教育评价方式。对学生来说,成长的起点是要了解自己的昨天、今天和明天。对教师来说,教育的起点是今天要看学生昨天是怎样的,是进步了还是退步了,然后给每个学生建议,为的是为他们的明天负责。增值性评价在以上这些学习场景中大有可为。它的要义在于不做横向比较,只看努力和进步程度,是对个体差异的尊重,是一种更具人文关怀的有"温度"的评价。事实上,我们每一个人只要在原有基础上不断进步,就应该得到肯定和掌声。因而,增值性评价对学生的激励作用是其他评价方式无法替代的。我们要将关注学生动态发展的增值性评价纳入"阅读之星"专项证书的评价框架里,以期评价能更好地发挥它的"育人"功能,比如在阅读过程中增加场景式、及时性的点评。

在这个变革的时代,教育要主动对接世界发展大势和国家发展全局,肩负起为党育人、为国育才的历史使命和时代重任。如何科学有效地实施综合素质评价,促进学生发展是教育综合改革中最难攻克的一个领域。它既需要来自专业组织和专家们的专业研究,也需要基层学校和一线教师提供他们的实践智慧。基于"阅读之星"专项证书的综合素质评价探索是澄衷初级中学提供的"澄初方案"。虽然它还存在诸多问题和不足,但我们深知综合素质评价需要的是循序渐进的内涵式发展,只要我们走出的这"一小步"能为推动综合素质评价向前跨出"一大步"提供反思的案例,我们的探索就是有意义的。

第五章　小园艺师证:劳动教育评价的思考与尝试

　　培养德智体美劳全面发展的社会主义建设者和接班人,办好人民满意的教育,是国家和时代对学校教育工作的要求。中共中央、国务院于 2020 年 3 月出台《关于全面加强新时代大中小学劳动教育的意见》(以下简称《意见》),要求全面构建体现时代特征的劳动教育体系,广泛开展劳动教育实践活动。劳动教育不仅不是可有可无的,更成为推动学校"五育并举"和学生全面发展的决定性因素。在此背景下,上海新中考改革明确将"完善初中学生综合素质评价制度"作为重要任务之一,评价内容涉及品德发展与公民素养、修习课程与学业成绩、身心健康与艺术素养、创新精神与实践能力四大模块,尤其规定公益劳动在实践能力中占 80 课时。这一制度变革顺应了党和国家关于加强劳动教育的指导精神,也为基础教育学校改进课程与教学活动提供了指南。

　　如何实施合理的劳动教育评价,真正激发学生主动参与劳动的兴趣和热情,实现学生劳动的自我内化过程,是我们始终在思考的问题。2019 年,作为上海市虹口区教育学院附属中学校长的我有幸成为上海市"双名工程"的一名学员,来到上海市"双名工程"刘爱国攻关基地学习。刘爱国校长带领的新中高级中学开展了"建立专项证书制度,开展学生综合素质评价"的实践与研究,这种具体化、可操作的学生综合素质培养和评价的实践样式,是学生综合素质培养和评价的具体落实,"四项证书"在学生综合素质的培养实践中发挥了积极作用。我校学生劳动实践及学生综合素质等第评价工作深受这一实践成果的启发。

　　借鉴新中高级中学的专项证书制度的经验,我校在"百草园"劳动课程群实践的基础上,积极探索以"小园艺师证"作为学生劳动评价的重要方式,引领学生自觉提升劳动素养,促进学生德智体美劳协同发展,实现"以劳立品、以劳树德、以劳修行、以劳启智、以劳健体、以劳育美、以劳为乐"的全方位育人效果。

第一节 搭建"百草园",栽培"园艺师"

上海市虹口区教育学院附属中学(以下简称虹教院附中)是上海市初中强校工程实验校,学校的办学理念是"让每一个孩子自信地走向未来",围绕"敦品、励学、尚美、自信"的育人目标,立德树人,五育并举,关心每一个学生的个性成长和全面发展。为贯彻党在教育方针中关于劳动的深刻论述、充分对接上海新中考改革方案,创新实践"2+3+X"初中生公益劳动活动模式①。重视学生创造性劳动能力的培养,大胆尝试通过劳动教育提升学生综合素质,利用学校沿河长廊空地,开辟"智慧百草园"劳动实践基地,并打造"百草园"劳动课程群,开展学生劳动教育。

一、我校劳动课程背景:以生为本、五育并举

(一) 社会现实的呼唤

社会中的现实问题往往相对复杂,难以依靠单一学科知识来解决,而需要多学科综合应对。反观当前不少课堂,课程边界泾渭分明、教学方法缺乏创新,难以促进学生发散思维和聚合思维的发展,导致其缺乏创新素养和问题解决能力。在面对纷繁复杂的现实问题时,许多学生往往手足无措,久而久之热情、自信和意志力也消磨殆尽。劳动是知识的源泉,是人的存在方式。对此,我校希望每一个学生在劳动实践中综合不同领域、不同学科的知识来分析问题并尝试解决,不断增强知识学习和自我挑战的热情、自信和勇气,这也是我校开设"智慧百草园"课程群的首要初衷。

(二) 课程改革的需求

《教育部关于深化基础教育课程改革进一步推进素质教育的意见》要求落实培养高素质、复合型的人才。然而,目前传统分科课程仍是主流,对学科融合教学的有效探索尚不充分,对此新课程改革始终强调学科整合教学。2017 年教育部颁布了《中小学综合实践活动课程指导纲要》,提出要从学生的真实生活和发展需要出发,从生活情境中发现问题,将其转化为活动主题,通过探究、服务、制作、体验等方式,培养学生综合素质的跨学科实践性课程。陶行知主张,"生活即教育,劳动即生活"。对此,我校

---

① 宇海燕.新中考改革背景下初中生公益劳动活动模式的实践探索[J].现代教学,2020(18).

致力于改变分科课程的大一统，通过以劳动教育为特征的"智慧百草园"课程群串联不同学科和其他活动，有效提升课程体系的系统性和综合性，为培养高素质、复合型人才奠定基础。

（三）学生成长的要求

中共中央、国务院《关于深化教育教学改革全面提高义务教育质量的意见》中提出，要坚持"五育"并举，培养德智体美劳全面发展的学生。其实，就是回答了"培养怎样的人"这一教育的关键问题。我们认为德智体美劳虽有各自的内涵与特点，但却相互支撑，融为一体。劳动更是"五育"的重要载体，劳动教育的有效设计与实施必然指向"五育"并举，即促成学生的全面发展。对此，"智慧百草园"课程群不仅要为学生提供劳动实践的发生场所，更旨在促进其核心素养的全面发展。譬如，通过接触百草园的自然环境，有助于提升学生的观察力、鉴赏力和创造力，从而达到美育的效果。又如，通过课程中的二十四节气等的学习，有利于培养学生热爱中华优秀传统文化，发扬中华民族传统美德，增强国家认同与文化自信。

二、课程理念：自主、贯通、个性、整合

（一）自然教育

对学生而言，要体验到劳动教育的快乐并形成正确的劳动价值观，劳动教育就不应是外在压迫的，而应当成为学生的一项自觉活动。对此，需要创造适宜学生劳动的自然环境，吸引学生自觉参加劳动，生成热爱劳动、尊重劳动的真情实感。

（二）综合学习

现代劳动不排斥知识，相反需要以跨学科的综合知识为依托。为不加重学生课余负担，需要对传统上分散于各学科教学和其他学校活动中的劳动实践因素进行有效整合与重新规划。学校鼓励教师充分提炼课程中的劳动教育因素，并加以提炼、贯通与升华，积极开展行动研究，推进跨学科教学，促进不同课程和学校其他活动彼此渗透。

（三）因材施教

不同年级、性别、个性的学生在接受能力和学习方法上存在差异。学校依据学生的既有发展水平、个性特点和家庭资源等的差异，对学生具体参加的劳动实践项目进行系统设计、灵活安排、个性评价，使活动最大限度地促进学生的发展。

（四）资源整合

劳动教育需要家庭、学校、社区多方合力，方能取得实际收效；需要从家庭、学校、

社区一体化布局设计入手,拓宽劳动教育的时空范围和资源投入,促进内容和形式的多样性,建立多元合作、有机串联的劳动教育体系。

三、课程实践

(一)开发校本课程群:"百草园"

"智慧百草园"课程群是以中国传统的二十四节气中时令、气候、物候等方面变化规律所形成的知识体系和社会实践为载体,打通基础、拓展、探究三类课程之间的联系,通过劳动实践、探究实验、主题活动、社会考察、专题讲座等方式,运用现代信息技术手段,融合了地理、生物、劳技、美工、3D设计与打印、开源硬件与编程等学科知识。在此意义上,本课程群能够为学生取得不同类型和级别的"小园艺师证"提供必要支撑。

1. 课程目标

通过"智慧百草园"课程群的学习,有助于学生在认识自然、了解自然的过程中,发现自然之美,探索自然规律,更深刻地了解物候和动植物的生长过程,锻炼学生的审美能力,提高学生的科学素养和生命意识,增强学生的环保意识。学生能从个体劳动、社会生活及与大自然的接触中获得丰富的实践经验,形成对自然、社会和自我的整体认识。

此外,"智慧百草园"课程群也关注学生信息素养的培养,激发学生主动运用现代信息技术手段开展观察、发现、体验、实践等活动,使学生自觉养成探究学习的方法与习惯,将信息技术与解决问题的过程相结合,在培养学生学科能力的同时关注信息素养的提升。概言之,"智慧百草园"课程群致力于提升学生的价值体认、责任担当、问题解决、创意物化等方面的意识和能力。

2. 课程编制

"智慧百草园"课程群主要覆盖预初和六、七、八年级,课程设计以学生的认知规律为设计依据,从"感知觉的基本认识—体验式的实践活动—探究性的认知活动—创造性的生态环境设计活动"的课程结构入手进行整体课程的设计编制(详见图5-1)。

六年级"田园牧歌":从"百草园"中常见的中草药入手,通过"认一认""种一种""养一养""画一画"等形式,不仅让学生认识和了解中医药知识中蕴含的中华传统文化,更注重让学生学会基本的劳动知识和技能,逐步培养正确的劳动观念、良好的劳动习惯,以及热爱劳动和劳动人民的情感。

七年级"万物有灵":在"百草园"中,选择自己感兴趣的植物,从社会与生活热点中发现、探究与解决问题,以此培养学生的课题研究意识与审美情趣,培养学生从科学理性的教育认识生命、感受生命,继而尊重生命,树立珍视生命的价值观。

八年级"园艺匠心":在六、七年级课程实施的基础上,关注学生的成果表达。以园林设计作为项目化学习的成果,将植物生长与3D打印和控制等因素融合,着重探究多因素的环境对动植物和谐生长的影响。并通过有效呈现和展示创造性产品的设计与制作,了解、掌握相关创造发明的方法与手段,以此培养与提升学生的科学素养、技术素养与工程素养。

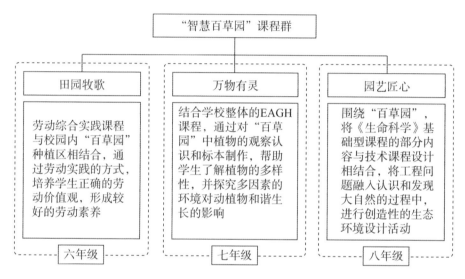

图5-1　"智慧百草园"课程群

3. 组织形式

在课程实施过程中,我校始终把学生作为第一主体。围绕"智慧百草园",学习科学知识和实验方法、动手实践并评价一系列主题活动,让每个学生充分参与到课程学习中。"智慧百草园"课程群的组织形式分为课内活动和课外实践两种,课内活动主要关注知识与技能的培养,课外实践关注劳动行为与情感的培养。这样安排既能使学生系统地了解相关科学知识,又能使学生参与到拓展类课程的全过程中,充分发挥学生学习的主动性,有利于相关主题课程的后续学习。

4. 活动环节

"智慧百草园"系列活动课程以"主题学习"活动的形式进行,按照"情景导入—知识讲解—实践活动—创作活动—交流展示"等教学环节进行活动设计,将工程问题融入认识和发现大自然的过程中。

(1) 问题引入

每个主题的学习内容都应该从学生的生活中来,本课程群从学生感兴趣的现象入手,先让他们产生怀疑,然后再带着问题进行知识的学习,以此提高学生学习的针对性和有效性,同时激发学生强烈的求知欲。

（2）知识学习

本部分是课程群的重点,致力于做到以下几点:文字上,通俗易懂,利用生动有趣的语言阐述知识和原理;内容上,在学生已有知识的基础上,加以拓展和深化;形式上,多采用陈述和问答的方式,鼓励学生通过自主思考来掌握相关知识。

（3）拓展成果

在系统学习相关学科知识的基础上,针对课程内容向学生提供必要的练习,包括知识性的、总结性的和能力体现相关的,旨在让学生以知识为载体,提高分析、归纳、总结、概括、想象等思维能力。

（4）探究实践

这部分为学生提供动手实践的活动内容,学生学习相关的科学知识后,给他们创设亲身体验和动手实践的机会。根据课程进展,探究实践的难度和要求也渐次提高,从动手制作标本到实验室中的观察实验,再到校园社区的植物识别等,体现由浅入深、由易到难、从简入繁的过程,最终指向学生综合素养的全面提升。

（5）成果展示

学生通过相关课程的学习,基本确定自己感兴趣的主要领域,从真实生活和发展需要出发,从生活情境中发现问题并将其转化为相关课题（成果）的研究。此外,在教师的帮助下,4—5人为一个小组,通过调查、走访、服务、制作、体验等方式,完成相关课题（成果）报告,并在期末进行成果交流。

（二）打造校本特色精品课程:"万物有灵"

"万物有灵"是"百草园"课程群中的一门综合主题课程,该课程以"动物与植物"为主题,以语文、生物、地理、美术为主要实施学科,打通基础、拓展、探究三类课程之间的联系,通过开展科普讲座、探究实验、主题活动、社会考察等方式,介绍内容丰富的动植物知识,掌握动植物识别的基本方法,制作形式多样的植物标本、创作动物素描以及动植物思维图谱,以此培养和发展学生的兴趣爱好,开发学生的学习潜能,促进学生个性的发展。此外,通过小组合作的形式开展相关课题的研究,将"知识学习"与"研究学习"融为一体,引导学生运用探究学习的方式来发现和提出问题,培养学生的创新精神和创新能力。

1. 课程目标

通过"万物有灵"综合主题课程的学习,使学生理解动植物的基本特征、动植物与人类的关系,感受事物的多样性,并且能够从艺术与科学两个维度进行相关主题的学习。在此基础上，从社会与生活热点中发现与本课程有关的问题并解决问题，以此培养学生的课题研究意识与审美情趣，培养学生从科学理性的教育中认识生命、感受生命，继而尊重生命，树立珍视生命的价值观。

［知识与技能］

● 能够对自然史的发展有整体上的认识，并且在此基础上能够认识动植物的基本特征；

● 能认识动植物与人类的关系，知道动植物在人类生活中所起的重要作用；

● 知道动植物标本的基本制作方法；

● 学习图案的变化手法和纹样的构成，体验花卉与植物图案的艺术美。

［过程与方法］

● 通过观察、比较基本特征，识别动植物的种类；通过学习不同类型动植物标本的采集和制作，学会动植物标本采集、制作的具体操作过程，锻炼和培养动手能力；

● 能依据自己的语言能力和思想认识水平选择生活材料，写出自己的感受和见解；

● 能够根据自己的观察和资料查阅，完成动植物思维图谱的设计和制作；

● 运用一定的图案变化方法和设计式样对花卉与植物进行装饰变化，学习纹样设计的基本规律。

［情感、态度和价值观］

● 通过采集和制作动植物标本，增强学生对自然界生物的益害的认识和了解，增强学生自觉保护生物多样性的观念；

● 通过对常见生物的认识，让学生亲近自然，提高学生热爱自然、热爱生物、珍惜生命的理念；

● 发现生活的美，并能以艺术的眼光观察生活，学会用图案的方式美化生活、创造生活。

2. 课程内容

依据课程目标和学生发展的需求，"万物有灵"课程共分为三个板块：基础篇、技能篇和实践篇。基础篇的主题包括：自然的发展历史、动植物识别的基本方法、世界各国的主要植物、文学/影视中动植物的表现方法等；技能篇的主题包括：动植物蜡叶标本的制作方法、设计/制作/撰写表现动植物的文学/影视作品、动植物思维图谱的绘制方法等；实践篇的主题包括：校园植物的识别和公园昆虫的识别。具体内容见表 5－1。

表 5－1 "万物有灵"课程的结构

课程板块	内容要点		课时安排
基础篇	• 自然的发展历史 • 动植物识别的基本方法 • 世界各国的主要植物 • 文学/影视中动植物的表现方法 • 写生植物和花卉	学生建立起对动植物的一般认识,形成与学习主题相应的知识结构,为辨认动植物、解决生活中的有关问题提供基本知识准备。	4
技能篇	• 动植物蜡叶标本的制作方法 • 设计/制作/撰写表现动物的文学/影视作品 • 动植物思维图谱的绘制方法 • 变形植物和花卉 • 创意设计植物和花卉	学生通过制作不同类型动植物的标本和文学/影视作品,进一步掌握动植物种类识别的方式,实现知识经验在动手实践中的升华;同时,在创意设计植物的过程中,增强学生的审美能力与审美情趣。	4
实践篇	• 校园植物的识别 • 公园昆虫的识别	实践不仅是建立知识与生活联系的重要方式,同时也是学生认识自然、了解自然、提升自我表达与人际交往等方面的重要机会。	4

3. 课程实施:课内活动与课外实践

(1) 实施原则

综合性:倡导课程整合,拓宽学生视野,淡化学科知识,强调综合运用和实践创新。

实践性:密切课程与现实生活的联系,在教学实施过程中,通过提供与学生生活和现代社会密切联系的素材,拉近与学生的距离,让学生感受和体验学习的过程。通过组织形式多样的实践活动,让学生动手动脑,解决现实生活中面临的问题,提高学生的综合实践能力。

情境性:利用文字材料、模型、书籍、多媒体等创设情境,并通过情境激发学生的学习兴趣,调动学生的积极性,促使学生有效参与学习活动。

(2) 组织形式

课内活动侧重劳动知识与技能的培养,即由教师在课堂教学中有目的、有组织、有计划地开展相关中药种植的知识讲解、主题分享、展示交流等活动。课外实践侧重劳动行为与情感的培养,要求学生或独立或以小组的形式开展中草药的培植养护、参观、资料查找、社会调查等活动,目的在于通过劳动实践激发成功喜悦,培养学生的劳动习惯,加深学生热爱劳动和劳动人民的思想情感。

4.课时安排

本课程以"自主报名"和"择优选拔"相结合的方式分为四个班级,在此基础上对有意愿进一步开展动植物研究的学生进行课题的研究指导,营造学习环境,搭建展示平台。课程包含 5 个单元,分别是"认识身边的植物""各国植物""万物皆美""寻美之路"和"课题探究",由 5 位各具专长的教师分工负责;每单元有 2 个课时,每个课时 90 分钟,于每周五下午进行。"课题探究"单元不仅允许学生自主选择课题进行研究,还允许学生自主选择指导教师。

(三)注重劳动实践活动:"植物标本制作"

"植物标本制作"主题活动是我校"万物有灵"综合主题课程中的一环。该课是以植物标本为主题,采用结合科学、技术、数学和艺术等跨学科融合的 STEAM 教学。从师资来看,课程的主要开发者是我校具有植物学专业背景的教师,对植物有较为深入的研究;多名数学、科学、劳技、美术教师都基于自身专业,积极为教学提供支撑。从硬件环境来看,学校学科相关的硬件设施完备,配有生物创新实验室,内设干燥箱、恒温箱等仪器。更重要的是,学校周边绿化环境良好,为学生提供了校外实践活动的绝佳场所。从学情来看,我校多数学生对生物学科充满兴趣,乐于动手,善于创意,具有较高的探索精神和艺术素养。

1.教学目标

本课将科学、技术、数学和艺术等学科有机结合,引导学生在"跨学科"的过程中丰富自己,锻炼动手实践的能力,提升科学素养和艺术素养,培养创新精神和创新能力。本课最终的成果是蜡叶标本和液浸标本,学生可以带着标本参加学校科技节的展示评选。这样一来可以在培养学生自信心和自我价值感的同时,吸引学生了解身边的植物、关注周围的环境,提升对生命的认识。

2.活动环节

本课包含植物标本制作准备、蜡叶标本制作体验、液浸标本制作体验三个活动环节。通过基础知识学习、动手实践和探究实验等方式,指导学生学习植物标本的相关知识,让学生学会制作不同类型的植物标本,学习探究实验的基本过程。

[环节一] 植物标本制作准备

① 主要活动

教师介绍世界几大植物标本馆,讲解植物标本的作用、价值和意义;讲解植物标本的类型,重点讲解蜡叶标本和液浸标本。学生观察蜡叶标本和液浸标本的实物,比较两种标本的优缺点,并设计表格记录总结两类植物标本的异同点,归纳制作植物标本的基本要求。

② 设计意图

课前对学生进行植物标本相关知识的问卷调查,初步了解他们对这一活动的兴趣及认识情况,然后根据调查结果调整本节内容的细节;学生通过学习,了解世界几大植物标本馆,知道植物标本的作用、价值和意义,同时通过观察、对比和记录,了解不同标本的优缺点,归纳植物标本制作的基本要求,为之后的动手实践打下基础。

③ 学习资源

多媒体、电子课件、植物蜡叶标本、植物液浸标本。

④ 体现要素

科学:通过对植物标本的观察分析,培养学生的比较、分析、归纳等科学思维方法;技术:学会利用信息技术查阅相关资料,学习了解标本馆建造时如何满足标本的保存条件;艺术:学生在观察两类植物标本的过程中发现标本的美感。

[环节二] 蜡叶标本制作体验

① 主要活动

学生以小组为单位,查阅蜡叶标本的制作方法,选择或改进一种方法,列出制作步骤,并交由教师检查。教师在实践活动前对学生进行安全教育,如采集标本时当心跌倒、使用烘箱时防止烫伤等。随后学生根据所列步骤完成蜡叶标本制作,基本步骤包括:第一步,采集带花和(或)果的植物标本,完成采集记录表;第二步,将标本整形,压制在旧报纸上,用绳子固定好旧报纸,将其放入烘箱烘干标本;第三步,用针线将标本固定在台纸上,贴好标签;第四步,制作展板并展示。

② 设计意图

蜡叶标本制作活动是在学生熟悉植物基本特征的基础上进行的,有助于学生认识标本采集的要点。学生通过自主查找蜡叶标本的制作方法,学会查找、搜集、提取需要的资料和信息,同时要求学生在已知信息的基础上对制作方法进行改进和创新,培养学生综合处理信息的能力和创新思维。标本制作过程能锻炼学生的动手能力,且在标本上台纸的过程中,能帮助学生感受科学性与艺术性的结合。

③ 学习资源

图书馆、计算机教室、创新实验室、校园、鲁迅公园。

④ 体现要素

科学:通过对蜡叶标本的制作,关注标本本身的科学性,同时对标本制作过程中涉及的相关科学知识有所了解;技术:在制作蜡叶标本的过程中,学会使用标本夹、烘箱等工具;工程:在使用标本夹、烘箱等工具的过程中,初步了解其使用原理,并尝试对其进行适当改进;艺术:在蜡叶标本整形的过程中感受其艺术美感。

[环节三]　液浸标本原色保存探究实验

① 主要活动

在进行探究实验的基本过程前,教师对学生进行安全教育,如采集标本时当心跌倒、活动完成后必须及时清洗双手等。随后学生以小组为单位,进行探究实验:第一步,查阅液浸标本的制作方法,分析不同标本保存液在植物原色保存上的优缺点,并列出探究实验步骤,交由教师检查;第二步,根据液浸标本制作的要求,采集带花和(或)果的植物标本,并完成采集记录表;第三步,根据所列的探究实验配制不同保存液;第四步,将标本置于保存液中进行整形,保证标本的主要特征都能在广口瓶外清晰可见;第五步,密封瓶口,在瓶身贴上标签,将其放在阴凉不受日光直射处保存;第六步,一周后观察比较不同保存液中标本原色的保留情况,记录实验结果,分析实验数据;第七步,撰写实验报告,在全班交流实验结果和结论;最后,展示液浸标本和实验报告。

② 设计意图

探究实验是中学科学课堂中必不可少的一部分,它能激发学生的学习兴趣,培养学生的动手能力、创造能力和合作精神。液浸标本相较蜡叶标本的制作更为复杂,对学生的动手能力要求更高,基于蜡叶标本进一步制作液浸标本对学生的动手能力也是一种锻炼和提升。本活动以探究实验为主线,通过实验帮助学生初步形成科学概念,同时学生在教师的引导下完成本次探究实验,可以进一步熟悉和学习探究性实验的基本步骤和原则。学生在实验过程中学会分析并解决问题,同时也培养了学生的合作能力和交流能力。

③ 学习资源

图书馆、计算机教室、创新实验室、校园、鲁迅公园。

④ 体现要素

科学:探究实验遵循科学性原则,学生在探究实验的过程中学习其科学性原则,了解液浸标本制作的相关科学知识,同时初步学会探究报告的科学撰写方式;技术:利用网络技术查阅资料,学会配制不同类型的保存液;工程:在配制并使用标本保存液的过程中,初步了解保存液的原理,尝试根据标本特点对保存液提出改进建议并进行验证;艺术:在对标本整形的过程中感受其艺术美感;数学:运用数学统计方法分析实验结果。

第二节 证书指方向，劳动促成长

劳动教育实践中，如何激发学生的积极性，提升劳动教育效果，正确评价学生表现，指引学生发展，成为当务之急。学校坚持探索提升劳动教育的地位，在评价模式和评价策略上推陈出新，尝试以"小园艺师证"引领学生发展，通过校内试点，创设劳动实践评价。意在以评促教、以评促学，以学校颁发的"小园艺师证"引导校本劳动教育课程群优化建设，同时引导学生自觉参与相关课程学习。

一、建构分类分级的证书体系

劳动教育评价应充分考虑各年级学生的身心特点以及参与劳动的实际，重视劳动成果的同时，更要重视劳动过程。我校尝试以证书引领学生发展，向学生颁发独具特色的劳动实践证书，激发学生参与劳动的兴趣。譬如，"小园艺师证"按技术类型分为"园艺讲解员""园艺美容师""园艺摄影师""园艺小卫士"，再将各小类按难易水平分为一星级、二星级和三星级。如将"园艺美容师"分为"一星级园艺美容师""二星级园艺美容师""三星级园艺美容师"，以此激励学生不断拓宽视野，提升劳动意识和技能。

此外，可以依据学生能否创造性地参与劳动，设置相应的特色证书，如合格者可取得"小小发明家"证书；依据学生能否通过劳动教育提升综合素质，设置相应领域的特长证书，如侧重美术才能的"小小画家"证书、侧重体育健康的"小小运动员"证书、侧重道德情感的"尚德小达人"证书、侧重知识学习的"小小博士"证书……

劳动证书评价是提升劳动教育地位、打破传统培养和评价模式的初步尝试。一是形成积极的劳动体验，二是不同程度地提升劳动素养，三是在一定程度上促进劳动价值观的发展。[1]

二、建立劳动课程清单并加强宣传

学校希望通过各类课程帮助学生获得"小园艺师证"。为此，学校专门建立了分学年的劳动课程清单制度，清单包括必修和选修两部分：必修部分规定不同年级的学生必须参加的具体劳动的内容和要求，所有学生必须完成；选修部分与拓展课、探究课等结合开展，学生可根据自身兴趣和特长进行选择。学生能否较好地完成必修和选修

---

[1] 周荣辉."证书指路"的劳动教育模式初探[J].上海教育,2019(34).

课程的学习要求,在很大程度上决定其能否获得相应类别和等级的"小园艺师证"。学校利用开学典礼、年级大会和班会等各种场合进行课程推介,并制作劳动课程宣传手册,鼓励学生认真修读,提升自身劳动素养并取得相应的"小园艺师证"。

三、利用数字平台统计劳动状况

学校借助学生生涯电子档案袋等数字化档案与评价系统,推动"小园艺师证"制度的规范化和持续性。上述系统对学生劳动状况进行日常搜集和测评,自动生成并累加积分。学生可通过"现有积分"换礼品的方式得到奖励,也可凭借"历史积分"申请"小园艺师证"。此外,学校还把劳动教育纳入学生综合素质评价报告单,把学生取得"小园艺师证"作为衡量学生全面发展情况的重要内容以及评优、评先的重要参考和毕业依据。具体的评价方法如下。

(一) 多元评价

本课程借助表现性评价等多元评价方式,考查学生对待劳动的态度和观念,促使学生逐渐树立正确的劳动观念。课程评价表现为学生自我评价、生生评价、教师评价的有机结合。其中,学生自我评价以反思性为主,既促进劳动学习的深化,又培养自我的认知能力;生生评价通过学生相互之间的评价达到相互学习、提高合作能力的效果;教师评价则要求教师深入了解每一个学生的劳动学习状况,给予学生及时的引导和帮助。

(二) 活动评价

劳动实践课程注重将展示式评价、分享评价、竞赛式评价相结合。譬如,在各个班级布置常规展台,展示学生的劳动成果,让学生产生自豪感与成就感;学生除分享劳动成果以外,还可以分享劳动感受和劳动经验,从而加深内心感受。与此同时,在学校层面组织丰富的竞赛活动,如百草园紫苏采撷,复以此为食材进行厨艺烹饪赛,巧用植物叶子制作叶脉书签等艺术创意设计赛,再通过学校微信公众号进行宣传展示。这类比赛的用意不在于强化学生的竞争意识,而是帮助他们真正体验劳动之趣、劳动之美、劳动之乐。

(三) 过程评价

劳动素养的形成与发展离不开实践体验,学生的劳动感悟与情感都从体验而来。对此,课程评价不仅仅关注学生劳动成果的好坏和劳动技能的高低,更关注学生在劳动过程中呈现出来的态度、习惯和品质。课程鼓励学生在劳动实践过程中体会劳动的艰辛、尊重劳动者的辛勤付出、珍惜身边的劳动成果、养成勤俭节约的好习惯,激发学生更具体、更丰富、更深层的劳动情感。

（四）诊断评价

教师是劳动实践过程中的组织引导者,其评价应注重对学生情感的触动,以激励为主。同时,教师致力于帮助学生发现自己的优点与不足,以评价促进反思,发挥诊断调节的作用。在本课程中,教师会根据学生的年段特点因材施教,为不同特点和基础的学生设计不同的学习和作业要求,让每个学生都取得看得见的成长。

（五）课堂评价:整合过程评价与成果评价

课堂评价主要关注学生在实践活动过程中获得的知识技能、课堂表现以及最终成果。其中,过程评价关注学生在"植物标本制作准备"过程中是否认真听讲和认真观察对比不同标本,在"蜡叶标本制作体验"过程中是否积极参与小组活动、遵守活动规则并主动思考和解决问题等,在"液浸标本原色保存探究实验"过程中是否积极参与小组活动、自主查阅相关资料、运用批判性思维、创造性地解决问题等。成果评价关注学生在"植物标本制作准备"环节完成的记录表、"蜡叶标本制作体验"环节制作的蜡叶标本以及"液浸标本原色保存探究实验"环节制作的液浸标本和实验报告。

评价形式包括学生自评、小组互评和教师评价三类,分别占比40%、30%和30%,师生根据每位学生不同方面的表现情况在评价表中打分,并按比例折合计算总分。具体评价内容见表5-2。

表5-2 课堂评价表

评价内容	学生自评	小组互评	教师评价	总分
知道标本的相关信息,标本制作科学美观				
实验操作科学标准,实验报告完整新颖				
积极参与小组活动,认真完成老师布置的任务				
主动思考解决问题,交流表达流畅自信				

第三节 收获与反思

"小园艺师证"作为智慧百草园课程群中学生学习、探究等活动的评价方式之一,其成效主要体现在以下方面。

一、提升学生劳动体验的乐趣

"百草园"原是校园河道边闲置的一块空地，在建构学校劳动实践课程的过程中，这块空地为课程实施提供了最好的资源和载体，更成了学生们进行自然探索和劳动实践的最佳空间。"百草园"既是学生体验劳趣的重要场所，学生就应该成为"百草园"建设的主角。学校为学生请来从事建筑设计和园林设计的家长，辅导学生如何在有限的面积内科学规划、因地制宜，如何将绿化带打造成土培示范种植区，如何以箱式种植和管道水培的方式打造流动的种植带等。学生在专业人士的辅导和老师、家长的共同帮助下，富有想象力地创造性地改建着"百草园"的每一个角落，最终将百草园与校园融为一个整体，让师生们在错落有致的校园中欣赏到生态之美。通过"百草园"，学生经历了真正的劳动实践全过程，实实在在地体会到了劳动的价值，学会了一定的劳动技能并用它们去解决生活中的问题，提升了创造性劳动的能力。

二、打造劳动品牌评价特色

劳动教育不应窄化为特定课程或特定教师之责，而应充分融解和内化到教学活动乃至文化建设的方方面面。在目前的舆论环境和教育文化中，劳动教育发展任重而道远。每一所学校都须充分发挥自身优势，集中力量破解难题并持续保持探索与改进的科学态度。"智慧百草园"依托校园改造，串联学校、家庭和外部社区资源，综合开发多类型体验活动，已成为当前我校开展劳动教育的主要载体。至今，已涌现出包括"万物有灵"在内的一批劳动实践课程，在实践中取得一定成绩并逐步奠定我校劳动教育的品牌特色。

三、综合提升学生劳动素养

"万物有灵"课程通过种植实践、探究实验、设计制作和职业体验四个板块，以"种植中药""探究种子发芽率""品种创新的改良尝试""改进农具""与种植相关的职业人物访谈"等不同学习主题，组织学生开展劳动实践。在劳动实践过程中，学生自由组队，制订定时定人的百草园呵护巡护计划书，贯穿百草园挖坑、放苗、培土、浇水、施肥等每一个环节，定时关护植物的生长情况，并在教师团队的指导下进行植物生长的观察和记录，写下劳动种植日记，记录劳动种植的心得。在植物生长过程中，同时进行栽培技术的学习和创新，给苗儿除草、搭架绑蔓、整枝打杈、剪老叶、除病虫等。学生在劳动实践中体现了自己的劳动价值，体验了劳动的艰辛与乐趣，更是激发了自身参加劳动实践的兴趣和自觉性，养成了热爱劳动、珍惜劳动成果的良好劳动习惯。

四、评价育人，保障劳动教育稳步发展

评价是教改的核心指针。劳动教育评价虽为教育教学的组成部分，但常被传统学业评价体系有意或无意地忽视，实际上其评价理念、方法和模式对劳动教育整体具有巨大的反作用力。学校坚持致力于改进劳动教育评价，创新探索分类分级的"小园艺师证"制度，积极引导学生崇尚劳动、尊重劳动、学会劳动。

五、不忘初心，坚守劳动教育育人底色

通过多年的研究与实践，我校已初步取得一些成果，也萌生了一些新的思考。譬如，如何将更多的学科知识融入"智慧百草园"课程群的教学中，目前课程内容已经普遍涉及科学、技术、数学和艺术等学科，但与其他学科以及校园文化的关联仍有待加强。如何进一步推动学校、家庭和社区有机整合，让三者在培养学生劳动素养全过程中形成合力，是提升课程效果的必要条件。课程建设没有终点，学生发展没有止境，学校将始终把劳动教育作为助力学生"五育"发展的重要载体，在研究和实践中不断推动学生成长和学校发展。

第六章　基于交通安全证的实践评价思考

"小交警"实践活动是华灵学校德育的一大特色,在具体工作中,我们发现了以下问题:学校"小交警"活动有一定的知名度,特别是在静安区的中小学范围内,但仅仅是一个知名度而已,很多学校的师生对"小交警"活动的具体内容与活动效果不甚了解;通过对本校学生的调查分析,了解到学生很喜欢"小交警"这个活动,认为能穿上制服去指挥很神气,但是觉得课堂上的交通安全课程有些乏味,因此交通安全微课程的设计与开发迫在眉睫;前期学生在"小交警"体验时积极性很高,但是体验之后往往印象不深,受教育深度不够,因此必须进行再研究开发,进行改善设计;在学校路口段实地勘察家长、学生还有教师过马路的状况,不难发现学校对学生的教育效果还是很好的,但是影响范围还不明显,我们对此进行了反思与研究,以求通过教育来影响学生、影响家庭,进而带动社会的进步。基于以上问题的驱动,我校着手开展"交通安全证"的实践评价。

第一节　交通安全证的缘起

华灵学校的交通安全证包括遵规守纪证、指挥能手证、自主管理证、自救自护证。交通安全证的学习知识点基于《上海市交通法规条例》,努力实现目标明确、层次清晰、途径实效。

一、交通安全证设计的构想

（一）体现四个评价目标

（1）遵规守纪证:学习法规,知法懂法。

（2）指挥能手证：宣传法规，服务社会。

（3）自主管理证：执行法规，互帮互学。

（4）自救自护证：遵守法规，守护安全。

（二）体现四个评价层次

（1）从证书评价的过程看：学习法规→宣传法规→执行法规→遵守法规，完成"学习、实践、认知、感悟"的学习过程。

（2）从证书评价的主体看：个体学习→群体学习→自主学习→互助学习，完成"从1到无限量辐射"的学习过程。

（3）从证书评价的形式看：情景体验→学习感悟→社会实践→游戏评价，完成从"抽象"到"具体"到"形象"再到"个性"的学习过程。

（4）从证书评价的内涵看：知法懂法→服务社会→互帮互学→守护安全，完成从"感性认识"到"理性认知"到"内化于心"再到"外化于行"的学习过程。

（三）体现四个评价途径

（1）交通安全情景教室体验评价。

（2）交通安全感悟场馆游戏评价。

（3）交通安全微课学习评价。

（4）社会实践服务展示评价。

二、交通安全证设计的背景

（一）学校历史的传承

华灵学校"小交警"项目自1998年建立发展至今，已经成为我校的一项德育品牌，是学校个性化发展的有力载体。2016年学校建设了交通安全教育实践基地一期工程，学校利用这一契机不断加强对学生的行规教育、法制教育，不断拓展"小交警"活动的外延，深化其内涵，有效发挥了特色教育的育人功能，一定程度上培养了学生的核心素养。在将近20年的探索和发展过程中，结合实践基地的成立，学校已经进入了一个新的发展阶段，这个发展的标志是学校形成了一个以制度建设为核心，多层次、多形式、内涵化的发展态势。因此开展这一课题的研究，是结合学校实际情况，能够充分发挥学校现有优势，深入个性化校园发展，相信通过体验式交通安全实践教育基地的创新研究，能够有效促进学生核心素养的提升。

2018年7月，华灵学校被列入"上海市教育委员会实施百所公办初中强校工程"项目学校，华灵学校与新中高级中学、新中初级中学共同组建办学联合体。2019年交通安全教育实践基地二期工程完工。2019年1月，本人参加了上海市第四期"普教系统名校长名师培养工程""攻关计划"刘爱国基地的学习,基地的总课题是"建立专项证书制度,开展学生综合素质评价"的实践与研究,我校对接的子课题为"基于'交通安全证'的体验式交通安全实践基地创新研究",在课题研究中基于学生发展的核心素养培养,力求通过交通安全证的研发,实践基地的创新,深化个性化教育,从而促进学生综合素质的提升。

（二）综合素质评价的要求

2019 年 4 月,《上海市初中学生综合素质评价实施办法》出台,其指导思想是:整体反映德智体美劳全面发展情况和个性特长;引导践行社会主义核心价值观,弘扬中华优秀传统文化、革命文化和社会主义先进文化;增强社会责任感,培养创新精神和实践能力。记录和评价的内容包括品德发展与公民素养、修习课程与学业成绩、身心健康与艺术素养、创新精神与实践能力。尤其要体现德智体美劳全面发展,突出学生参与综合实践活动和科学探究的情况,包括社会考察、公益劳动、职业体验、安全实训、科学实验和探究性学习等。

我校根据《上海市初中学生综合素质评价实施办法》的要求,在安全实训板块推出了交通安全证。安全实训是指学校组织开展各类安全演练及实训体验,安排学生在学校开展火灾、地震、暴力入侵、校车故障等突发事件的逃生演练,在学校公共安全教育体验教室、区域公共安全教育体验中心、上海市公共安全教育实训基地等场所开展实训体验等。

三、交通安全证设计的具体内容

表 7 - 1　交通安全证评价细目表

评价板块	评价细则	
评价板块	（1）低年级,初步掌握一至二个知识点;（2）中年级,基本掌握二至三个知识点;（3）高年级,较好掌握三至四个知识点。	专项证书
交通安全微课	（1）能够认识交通工具(陆上交通、水上交通、空中交通); （2）能够认识交通设施(高速公路、斑马线、过街天桥和地下通道、人行道、立交桥、大桥、铁路、火车站、飞机场); （3）能够认识交通信号(信号灯、交通标志、交通标线),并掌握基本交通安全知识(上下学安全、旅行安全、特殊天气)。	遵规守纪证
小交警手势操	能够准确、完整地完成"小交警手势操":（1）停止信号;（2）直行信号;（3）左转弯信号;（4）左转弯待转信号;（5）右转弯信号;（6）变道信号;（7）减速慢行信号;（8）示意车辆靠边停车信号。	指挥能手证

（续表）

安全救护	能够掌握急救初级包扎技能:(1)右侧前臂大出血;(2)右膝关节出血;(3)鼻出血处理;(4)头顶部右侧大出血;(5)脚踝扭伤;(6)双人徒手搬运。		自救自护证
交通安全志愿者	内容一	(1)能够指导同学在模拟驾驶仪上熟悉方向盘、油门、刹车等位置,手和脚配合好; (2)能够指导同学在安全带碰撞体验区,体验安全带的重要性; (3)能够指导同学识别儿童安全座椅、增高座椅以及相关的规定和要求。	自主管理证
	内容二	(1)能够指导同学识别常用的指示标识、警告标识和禁令标识; (2)能够指导同学利用 VR 眼镜开始行走安全体验,也可以体验在虚拟场景中骑自行车、乘车等; (3)能够指导同学使用模拟报警电话学习如何正确报警,能够更快更准确地为救援者提供准确信息。	
	内容三	(1)能够指导同学体验电脑里的安全游戏; (2)能够指导同学完成安全知识评价活动。	

交通安全证的设计,是学校安全实训板块的一部分。

我们这样理解初中学生综合素质评价。学校高度关注适应初中学生成长特点的社会考察、探究学习、职业体验等综合实践活动的情况。学生遵守日常行为规范,参加社会考察、公益劳动、职业体验、安全实训、德育活动、国防民防教育活动等情况;学生合格完成基础型课程、拓展型课程和探究型课程的学习;学生参加体育运动、健康教育、艺术活动等;学生参加探究学习、社会考察、科学实验、文学创作、科技活动等。

我们这样诠释交通安全证的实践评价。学生在实践中学习交通安全法规,完成学校要求,学校颁发交通安全证。学校旨在通过体验式交通安全实践基地的创建和交通安全微课的研发,让学生在各项实践和课堂中认识交通安全的重要性,从而自觉遵守交通法规,养成良好习惯,形成必备的规则意识、安全意识和法治意识。学生通过学习实践获得交通安全证。

第二节　交通安全证的实践

为了克服传统教学中说教的弊端,让每一个学生主动、积极、有效地参与交通安全教育,获得交通安全证,我校建成了交通安全教育实践基地并研发了交通安全教育微课,让每一个体验者通过交通安全知识的学习,在特定的情境和氛围中实践体验,从"应知"到"应会",强化体验训练,提高交通安全意识,遵守交通安全法规,牢记安全出行,争做文明人。

一、基于交通安全证的硬件建设

在交通安全证研发的初期,学校首先进行了交通安全实践基地一期工程硬件设施建设,功能区域分为以下四大中心。

（1）交通知识展示中心（配备道路交通安全标志图、交通安全宣传资料等）。

（2）媒体教育中心（配备多媒体宣传教室,配备音像播放设备、VR 游戏体验设备、交通安全宣教片等）。

（3）户外实践中心（按照真实交通道路现场的配置,配有模拟红绿灯 2 台、数台专用的驾驶小汽车和小自行车）。

（4）模拟体验中心（安全带防撞体验设施 1 组、模拟驾驶仪、触摸式电脑屏）。

2019 年 3 月,学校完成了实践基地二期工程建设,交通安全实践基地位于上海市华灵学校校内,学校根据实际道路功能,建立交通模拟现场,画有仿真十字路口的交通标线,主道路上设有红绿灯、斑马线、各种功能的交通标志牌等。

图 7-1　交通安全情景教室

学校重点建设了一幢三层楼场馆,三个场馆有三大功能:情景体验、学习感悟、游戏评价,三个场馆"学习、实践、评价"的功能为交通安全证的颁发奠定了坚实的基础。

（1）情景体验馆，包括四个区域：模拟驾驶仪区、碰撞试验区、安全座椅区、道路驾驶区。

模拟驾驶区的学习内容：让学生知道方向盘、油门、离合器、刹车、挡位、手刹、方向灯的位置，并能根据实际情况手脚配合，正确操作；会看交警手势，并能正确判断出停止、直行、左转弯、左转弯待转、右转弯、变道、减速慢行、靠边停车的信号；在虚拟驾驶环境中，体验、认识和学习现实世界中的汽车驾驶。

碰撞试验区的学习内容：让学生了解车速在 60 千米/小时的时候，如发生碰撞没系安全带，乘客则可能从车窗飞出去，司机也有可能胸部被方向盘挤压导致丧命，认识到安全带就是生命线；学会正确系安全带——坐在车座上，拉出安全带，将卡扣片与卡扣处卡紧并检查安全带是否牢固；在模拟汽车碰撞体验中，感受到安全带的重要性，养成上车就系好安全带的好习惯。

安全座椅区的学习内容：了解如能正确使用儿童安全座椅，在发生车辆碰撞时可以有效降低婴幼儿的死亡率；知道乘车必须坐后排，儿童座椅必须安装在车辆后排；知道不同年龄段的儿童安全座椅的种类，7 岁以上的儿童可以使用增高座椅并配合使用成人安全带。

道路驾驶区的学习内容：听从小交警的指挥，学生驾驶车辆在仿真的马路上安全行驶；让学生在实践中学习交通规则，也让学生亲身体验交通安全的重要性。

四个情景体验区，设置了四种交通安全情景来模拟生活中的现实情景，学生仿佛置身于现实生活中，让学习和体验真实发生，以此获得的交通安全证更显真实性。

（2）学习感悟馆，包括四个学习区域：媒体学习区、交通标识区、VR 体验区、报警救护区。

媒体学习区的学习内容：交通安全小讲堂，遵守规则，珍爱生命，从小做起；道路交通安全法规速递，图说交通常识；交通安全步行篇、乘车篇、骑行篇；观看我校小交警参与拍摄的交通安全宣传日宣传片。

交通标识区的学习内容：学习常见交通标志，了解生活中的安全常识；学习指示标志，如传递道路方向、地点和距离信息的标志；学习警告标志，如警告车辆、行人注意危险地点的标志；学习禁令标志，如禁止或限制车辆、行人交通行为的标志。

VR 体验区的学习内容：模拟真实场景，体验多种安全游戏；模拟体验行人在多种虚拟场景中跑、走、蹲等安全动作。

报警救护区的学习内容：通过与接线员模拟报警电话来学习如何正确报警，学会更快更准确地为救援者提供正确信息；了解更多不同事故场景的现场包扎及处理，培养学生在危险情况下冷静面对、遇到危险不慌乱的心理素质。

四个学习区融汇了多媒体、高科技 VR 眼镜、交通标志展示、120 电话模拟及救护模拟,以生动形象的交通安全教育手段,让学生看、辨、思、做,以此获得的交通安全证更显有效性。

(3) 游戏评价馆,包括十个学习评价板块。

"上学路上"的评价内容:上学路上走路、骑车都要遵守交通法规,认识交通标识,不要在马路上玩耍、游戏等。

"安全课间"的评价内容:课间要文明休息,不做剧烈运动,同学间不推拉,眺望远方以保护视力,擦黑板时不讨论、不说话等。

"安全体育"的评价内容:课前做好准备工作,严格遵守体育老师的安排,不做违规的事情,不带危险(或坚硬)物品等。

"安全回家"的评价内容:回家路上除了严格遵守交通法规外,不要在马路上玩耍(踢足球、打闹等),不要听信陌生人等。

"安全隐患"的评价内容:了解日常生活中常见的安全隐患,如避免烫伤、不要玩弄火柴或打火机、小心异物进入气管、安全使用电器、妥善保管好各类药物等。

"警示标识"的评价内容:能够认识马路上常见的警示标志,如信号灯(左右转)、停止、直行、左转弯、左转弯待转、右转弯、变道、减速慢行、靠边停车等标志。

"地震逃险"的评价内容:发生大地震时不要急,人多先找藏身处;学校、商店、影剧院等人群聚集的场所遇到地震时最忌慌乱,应立即躲在课桌、椅子或坚固物品下面,待地震过后再有序地撤离;远离危险区;等等。

"火灾逃险"的评价内容:发生火灾时保持镇静,迅速判断危险地点和安全地点,尽快撤离,逃生时不可蜂拥而出或留恋财物;必须穿过火区时应尽量用浸湿的衣物披裹身体,捂住口鼻,贴近地面,如身上着火千万别奔跑,可就地打滚将身上的火苗压灭或跳入就近的水池或用厚重衣物覆盖压灭火苗;如身处楼上,寻找逃生路一般向下不向上。

"预防溺水"的评价内容:溺水主要源于游泳,游泳时应注意,下水时切勿太饿或太饱,一般饭后一小时才能下水,以免抽筋;下水前试试水温,若水太冷就不要下水;若在江、河、湖、海游泳,则必须有伴相陪,不可单独游泳;下水前观察游泳处的环境,若有危险警告,则不能在此游泳;不要在地理环境不清楚的峡谷游泳,因为这些地方的水深浅不一,而且一般比较凉,水中可能有伤人的障碍物,很不安全。

"安全郊游"的评价内容:外出郊游交通安全最重要,另外要带上必备的物品(如一些常用药物、伞、帽子),还要避免中暑,注意过敏,预防摔伤,一些简单的意外伤害要学会应急处理。

十个安全游戏,十个主题,以游戏的方式作为"考试"的形式,以游戏的方式作为获得交通安全证的途径,以此获得的交通安全证更显趣味性。

二、基于交通安全证的微课研发

硬件设施建成后,学校着手基于交通安全证的微课研发,进行了交通安全微课文本的撰写以及交通安全微课的课堂实践,这成为交通安全证的重要支撑。学校为什么做微课?一节微课15—20分钟,时间灵活自由,可以在晨会课上、午会课上、校班会上、拓展课上播放,每节微课学生学习一个知识点,提升了学生学习交通安全知识和获得交通安全证的自由度。

由学校德育室负责,组建了微课研发团队。微课的设计致力于学生的体验和实践,使教育过程在实践、操作和体验中进行,有效克服了传统教学中说教的弊端,使学生在积极主动的体验中,把交通安全知识的学习与体验紧密结合,提高交通安全教育的有效性。微课的设计以中小学生常见的交通安全问题为主线,根据年龄特点分为低年级、中年级和高年级,内容力求具备科学性、体验性和趣味性,在学习体验中帮助学生掌握必要的交通安全常识,培养学生的规则意识、增强学生的责任意识以及自我保护能力。

交通安全微课文本的具体框架分为低年级(一、二、三年级)、中年级(四、五、六年级)、高年级(七、八、九年级),包括以下内容。

(1) 绪论(2课时)——中国交通,交通安全实践基地。

(2) 交通工具(6课时)——陆上交通,水上交通,空中交通。

(3) 交通设施(8课时)——高速公路,斑马线、过街天桥和地下通道,人行道,立交桥,大桥,铁路,火车站,飞机场。

(4) 交通信号(6课时)——信号灯,交通标志,交通标线。

(5) 交警手势(2课时)——停止信号,直行信号,左转弯信号,左转弯待转信号,右转弯信号,变道信号,减速慢行信号,示意车辆靠边停车信号。

(6) 交通安全(15课时)——上下学安全,旅行安全,特殊天气。

(7) 急救宝典(6课时)——常见交通事故类型,交通事故处理常识,交通事故自救。

我校于2020年3月基本完成了交通安全微课文本的撰写。

三、在微课学习中收获交通安全证

交通安全教育实践基地是交通安全证的收获基地,它以主观体验为主的交通安全教育方式,将演示性、体验性、操作性与互动性融于一体,通过可视、可听、可触摸、可体验的教育方式,有效提升安全教育的实效。

（一）基于交通安全证微课的场地化、标准化、实用化

学校以交通安全教育为核心,以中小学生社会实践活动为载体,使教育场地化、标准化、实用化。实践基地里有丰富的体验内容:观看交通安全知识视频,体验驾驶模拟器,闯关网上交通安全知识游戏,驾驶儿童小汽车、骑行自行车……体验内容由我校小交警全程指挥和指导。学生在参与的过程中观察、学习、实践和体验,感知安全规则和交通法规,从而收获交通安全证。

微课1:交通标志我知道。学生置身于一个小型的交通博物馆,通过“我问你答”“抢答”等形式来辨认交通安全相关标志和设备:交通法规图解、交通常识图片展板、交通图标、交警值勤岗、隔离带等。这节微课能让学生近距离、全方位地了解交通安全知识,营造宣传、学习交通安全知识的浓厚氛围。

微课2:马路安全很重要。在上学、放学路上,在十字路口,应该如何安全过马路?馆内的电脑安装了交通安全教育的游戏软件,这套软件是为我校实践基地专门设计的,寓教于乐,将交通安全常识及日常交通行为的常见问题融入游戏,让学生在游戏中认知步行安全常识,了解基本交通规则,认识交通陋习的危害。学生在游戏中进入马路安全场景,在游戏中不知不觉地记住正确的交通行为和处理方式。

微课3:我当模拟驾驶员。模拟驾驶仪可以逼真地模拟高速公路、普通公路和城市道路等典型交通环境,以及雨、雪等天气时的交通状态。学生在驾驶过程中,能切身感受到交通规则的不可违抗,以及如何正确预防、处理突发交通行为。学生通过亲自操作提高了安全意识和应变处置能力。

微课4:户外骑行须注意。户外自行车区域配备有仿真的斑马线、红绿灯、人行道、转弯路口、十字路口,路面有交通标志、微缩交通信号灯、标志牌等。通过微缩仿真道路场景,学生骑自行车进入模拟体验实践区域。在小交警的指挥下,学生可以直观地体验交通标志的用途,懂得遵守交通规则的重要性。

微课5:安全驾驶守规则。学生驾驶小汽车,在小交警示范员的指导和引领下,“环岛”体验一圈。要求与成人开车上路的规则一样,不能超速行驶,不能闯红灯,要礼让行人,如果违规则直接被警告,然后扣分。

微课6:交通安全伴我行。这节微课是在交通知识媒体中心进行的,我校开发编写了《交通安全教育读本》和《交通安全教育教程》,并制作了交通安全教育视频,由我校的学生参与视频配音。微课内容包括交通安全警钟长鸣、交通安全小诗歌、交通安全小常识、交通安全步行篇、交通安全骑车篇、交通安全乘车篇、避让汽车小知识等。

学生在这里可以用视觉体验和感知交通安全的意义。

学校努力发挥基地的教育功能,从二到五年级的学生中选拔一批小交警队员进行培训,在交通安全教育实践基地中作为引导员和示范员。学校安排各班学生到实践基地进行体验,一批批外校的学生也来参观实践。2018 年 12 月 2 日,"122 全国交通安全日"主题宣传静安分会场活动在我校举办,静安区四个九年一贯制学校参加了"华灵杯"交通安全知识竞赛的决赛,体现了我校体验式安全教育的辐射作用,让更多的学生通过实践体验更好地学习交通安全知识,让更多学生收获交通安全证。

(二)基于交通安全证微课的科学性、体验性、趣味性

学校通过多年的小交警社会实践活动已经积累了很多交通安全教育资料,学校还组建了一支较强的师资队伍进行交通安全微课程的开发和研究。在课程设计时,既体现科学性、体验性、趣味性,又体现学生发展核心素养的指标,突出对学生实践能力的培养,比如学生的反应能力、问题解决能力、交往与合作能力等。

以微课"马路安全很重要"为例。这是交通安全微课程系列的第一节,本课的选题意图是让学生通过微课记住步行的安全常识,掌握步行的安全规则,帮助学生规范自己的交通行为。这节微课解决了学生在社会实践中发现的突出问题,"知危险,会避险",让交通安全教育有趣、有效、有意义。

内容有趣味。本节微课融情景化和趣味性于一体,通过寓教于乐的形式激发学生学习道路交通安全知识的兴趣,树立交通安全及自我保护意识。本节微课通过图片展示、视频播放等教学环节,吸引学生的注意力,引发学生思考。画面富有童趣,直观形象,为学生搭建了教与学的平台。

教学有效果。通过观看视频使学生的心灵受到触动,让学生认识到不遵守规则的恶果;通过图例辨析,明理导行;通过听儿歌、看漫画的形式,让学生加深印象,巩固提高;进一步图说安全,辨析明理,重温巩固;最后学以致用,让学生结合所学知识自觉加入到宣传交通知识和维护交通秩序的行列中,做文明小公民。

教育有意义。本节微课适合让学生自主学习,提高学生的自学能力,最后让学生学以致用,达到预期的教学目的。微课的内容设计精短,便于在互联网和移动设备上使用。交通安全与每一位学生息息相关,学生通过本节微课学习了交通法规,认识了常见的交通标志,记住了步行安全的注意事项,学生的交通安全意识得到提高,能够切实预防和减少安全事故的发生。

从教育实效的意义上理解,交通安全证是载体,是纽带,让安全意识、规则意识、法治意识入心入脑,才是交通安全证颁发的真正意义所在。

第三节　交通安全证的成效及思考

交通安全证设计、实施以来，在教师、学生、社区中产生了不小的影响，教师们深入开展交通安全微课的课堂实践。2020 年 5 月，上海市教委装备部给予平台邀请我校七位教师参与交通安全微课的视频拍摄。学生在角色体验中强化认识，在互动体验中升华认知，在社会体验中收获评价。

一、基于交通安全证的小交警角色体验实践研究

学校开展交通安全志愿者角色体验实践研究，评估交通安全证的有效性。

（一）体验阵地分类

社会体验实践。让学生做一天交警，体验交警工作的辛劳。在活动中队员们指挥交通，使交通畅通，行人有序。工作中把护送老人过马路、协助小同学穿马路作为己任。关心社区居民，经常到里弄精心组织交通安全等法律宣传。调查马路上发生的交通事故与行人、车辆遵守法规的关系，用生动的事例来教育大家。

家庭体验实践。交通安全志愿者们在家督促长辈，让父母做他们的第一个听众，把家作为第一个实践基地，确保自己的实际操作能正确无误。

学校体验实践。学校交通安全实践基地建成后，结合学校微课的开发，将交通安全教育落实到课堂上。通过模拟道路驾驶、VR 游戏体验、交通安全微课等把小交警活动与学校德育教育相结合，与学校日常行为规范结合，鼓励孩子在校做个好学生，在社会做个合格小公民。

（二）体验角色分层

正式队员。在校督促同伴和老师，用交通事故的实例来警示大家。他们制作的宣传小报生动形象，有很强的说服力。队员们无论学习多么繁忙，都要坚持训练、服务，把自己调整到最佳状态，牢记自己是一名小交警，对自己的制服负责，努力按自己的誓言去做。

预备队员。首先自己要是行为规范的示范员，知道并有积极加入交通安全志愿者队伍的表现，知道交警手势操的含义。结合值日中队活动，在模拟社会——校园，进行学生一日常规管理。先明确对人对己的要求，并按要求进行"执法"（检查，对违纪的同学开出整改单），请正式队员帮助改正，及时与中队辅导员进行联系督促其完成整

改内容,充分体现出按规则办事的原则。

后备队员(全体学生)。知道小交警活动,明确学生一日常规要求,服从值日队员的管理,做合格的学生。

(三) 体验评价分析

建立多元的评价体系,把评价机制贯穿于队员的整个活动中,引导、鼓励、激发队员进行社区体验。

A.参与性评价。引导队员创设机会,参与评价,让队员通过自己的感受,体验自身价值,体验成功的快乐,同时可以增强队员之间的关系。

B.分层性评价。按不同年级的不同要求及时调整评价的尺度,以点带面,整体提高。

C.交互式评价。辅导员与队员间互设目标、互提要求,这样的双向交流可以使队员处于良好的心理状态,充满自信,更具主动性,辅导员与队员之间建立共同探究的合作关系。

参与基于交通安全证的社会实践能使学生养成现代公民所必须遵守和履行的道德准则和行为规范,增强社会责任感。微课中的体验教育融入了社会实践行为,学生要参与具体的社会活动。每月的最后一个周五,我校的小交警志愿者服务队,身穿整齐划一的制服走上街头,在交警和学校党、团员的带领下开展社会实践活动。学生在灵石路和沪太路上指挥行人有序行走、护送老人过马路、协助小同学穿马路、为行人指路、宣传交通法规等,并对乱穿马路等不文明的行为提出劝告和阻止。这种社会实践增强了学生的角色意识,调动了学生积极的内心体验。实践活动后,学生在班会或校会课上分享他们的体验,分析在实践过程中碰到的问题和解决方法,使其他同学也能从中获得知识和感悟。

2019年3月25日,正值上海市交通大整治三周年,也是第24个"全国中小学生安全教育日"。我校举行了"我爱上海·文明出行"的主题活动,同时我校的交通安全实践教育基地也正式启动。活动中学生与交警共同表演了手势操,之后在小交警的演示下,与会领导们参与了交通安全教育实践基地的活动体验课程。

这种角色体验教育符合体验教育中的"实践性"和"换位性"原则,学生亲历角色时进入特定环境,进入真实的生活场景,解决了学生在学校生活角色单一的问题。学生在角色体验的过程中养成换位思考的习惯,在潜移默化中养成良好品行,懂得了规则意识与交通法规在现实生活中的重要性,增强了公民意识和社会责任意识。

二、交通安全证的影响力

(一) 在互动体验中升华认知

1. 师生互动,联合值日

交通安全志愿者配合老师进行值日。虽然校园比校外道路要安全得多,但如果快速奔跑的现象不加制止、堵塞出入要道的情况不予疏导也会发生事故。于是学校动员交通安全志愿者轮流参与校园"交通"的管理,他们会出现在转角处、校门口,提醒同学靠右行、不奔跑等。值日体验培养了学生在公共空间的良好行为习惯,学生对规则意识的自觉性也不断增强。

2. 警校互动,共育共赢

我校与静安区交警支队长期积极合作,共享资源,把学校教育与社会教育有效整合,丰富交通安全教育的形式。学校邀请交通警官定期到校给学生上交通安全课,手把手地教学生交警手势操,让学生获得与教师教学不一样的体验。警官从交通事故中选取学校附近路段所发生的交通事故,剖析原因,总结教训。他们还给学生传授急救逃生知识,比如紧急刹车时如何双手交叉抱头保护自己免受伤害、车辆失火及落水时如何逃生。在良好的互动氛围中,让学生深切感受交通安全的重要性。

表7-2　近两年警校互动一览表

活动目标	活动时间	活动主题	活动内容
以交通安全实践基地为依托,聚焦规则意识	每周五下午第二节课	争做交通安全小达人	学生在场馆里进行交通安全证实践体验活动(遵规守纪证、指挥能手证、自救自护证和自主管理证),集齐四证后获得交通安全小达人称号。
交通安全课程建设和实施,促进教师专业能力与素养的提升	2019年9月	安全护航　快乐成长	学校开发了交通安全教育课程,课程建设注重科学性、体验性和趣味性,分成低段(1—3年级)、中段(4—6年级)、高段(7—9年级)体现学生发展核心素养的指标,突出对学生实践能力的培养。

（续表）

活动目标	活动时间	活动主题	活动内容
交通安全课程建设和实施，促进教师专业能力与素养的提升	2019 年 11 月 11 日	安全带就是生命线	在静安区校本化综合实践活动的教研活动中，我校教师开设了一堂"安全带就是生命线"的校本化综合实践活动课。由情境创意，激发探究兴趣；由问题思辨，培养探究能力；由课堂实践，丰润课程品质。回归到由课堂的实践再完善，到整个学校的特色课程建设。
	2020 年 6 月 3 日至今	市教委公共安全视频拍摄	我校 7 名教师经过几次学校组织的集体备课研讨，并在市教委的专家指导下，在 2020 年 9 月中旬进行 7 节公共安全课程的拍摄："安全骑行""报警及逃生""盲区、鬼探头、内轮差""规范过马路""安全乘车""交通信号要牢记""科学防震　正确应对"。
角色体验，扩展社会实践活动，丰富交通安全教育的形式	每月最后一周的周五放学时间	小交警在行动	每月最后一周的周五，我校小交警志愿者服务队在交警和学校党、团员的带领下，开展社会实践活动。这种社会实践增强了学生的角色意识，调动了学生积极的内心体验。
	2019 年 9 月 11 日	"交通文明进校园"暨"交通安全第一课"	为进一步倡导"文明行车，文明走路"的良好社会风尚，创造良好的道路交通环境，静安区交警队同区教育局、区文明办在上海市华灵学校共同开展了主题活动。
	2019 年 12 月 12 日	2019 永达公益上海市学生交通安全校园行	我校荣获 2019 永达公益上海市学生交通安全校园行系列活动集体贡献奖，2 名学生获"小手拉大手　共走平安路"学生交通安全演讲比赛一等奖。

（续表）

活动目标	活动时间	活动主题	活动内容
角色体验,扩展社会实践活动,丰富交通安全教育的形式	2020年6月29日	"一盔一带"安全宣传进校园	交警来到学校,与师生共同开展"一盔一带"宣传暨华灵学校暑期交通安全宣传活动。进一步加强警校合作,开展"一盔一带"安全守护行动,共同关注青少年的安全成长。

3. 家校互动,共同体验

我校与静安区交警支队联合开展了"杜绝交通违法行为,争创文明出行好家庭"活动,向家长发放了交通安全手册,表扬了三年内零违章的家庭。学生带着家长到我校的模拟驾驶馆去体验,一起做驾照考试题目,一起做闯关游戏,学生指导家长模拟驾驶……通过活动,家长也体验了学校交通安全教育的成果。这种体验式、互动式的交通安全宣传教育活动,进一步提高了家长和学生的交通安全法治意识和文明意识。

交通安全证的教育注重学生的行为内化过程,学生参加体验和实践活动后,心灵受到触动,就会去思索和探究体验过程中遇到的问题,无形地内化为学生的行为观念和习惯品质。有研究数字表明:当我们用眼睛看,只能记忆10%;当我们用耳朵听,只能记忆30%;当我们亲身经历和体验,能记忆80%。体验式交通安全教育尊重学生身心发展的规律,使学生在认识、体验与践行中增强安全意识,养成良好的规则意识、文明礼仪和安全习惯。

学校邀请家长走进校园,参与学校教育工作,了解学校,积极获取家长对学校的支持。

表7-3　家校互动一览表

	活动时间	活动主题	活动内容
拓宽平台协同育人	2019年9月11日	交通文明进校园	家长参加"交通安全第一课"主题宣传活动。
	2019年10月28日	家校社同携手,凝合力共育人	共同谋划文明校园和文明城区建设。
	2019年12月31日	2020,爱心无限;2021,快乐奉献	爱心志愿者,参与爱心义卖活动。

（续表）

	活动时间	活动主题	活动内容
携手抗疫 共护成长	2020年5月14日	笑迎返校 关注健康	全体家长收看关注孩子返校后安全健康的专题讲座。
	2020年5月15日	携手抗疫、 安全开学、 风雨无阻向前进	校长召开全校线上家长会，在过渡期、缓冲期里缓解家长及学生的焦虑状态。
	2020年6月29日	智慧助力孩子 "疫"后成长	小学部线上家长会，助力学生平安、健康度过暑期。
	2020年7月3日	携手面对 陪伴成长	初中部线上家长会。考试后心理健康辅导及暑期安全生活宣传。
—	2020年9月初	助力孩子快乐成长	小学部、初中部各年级组召开线上家长会，主要就创建文明城区、节约粮食、劳动教育、心理辅导四个方面和家长进行沟通和交流。

（二）在社会体验中收获评价

1. 媒体评价

《上海交通安全》《新闻晨报》《中国少年报》《文汇报》等先后对我校的交通安全志愿者实践活动进行了报道。上海电视台来学校进行采访、拍摄，曾在《少年先锋》栏目中对我校的交通安全教育活动进行了专题报道，长达二十分钟的片子真实地展示了我校志愿者的形象。学校舞蹈队以交通安全志愿为蓝本，创编了舞蹈《网络童谣》在2019年校园艺术节上与广大师生见面。现如今每年的交通安全宣传日上都能见到我校交通安全志愿者的身影……

2. 社区评价

学校周边的六个居委会干部反映，华灵学校自从有了交通安全志愿者队伍后，在社区遵守纪律、主动为居民做示范和做宣传的队员越来越多。他们敢于指出他人的不良行为，是正直的青少年。学校教育了好学生，大家看到了合格小公民的形象，小区建设更有希望，真是"小手牵大手，共建新家园"。

3. 家长评价

孩子参加交通安全志愿者实践活动后，家长最大的感受是孩子的自觉性提高了，对是非有了正确的认识，敢于指出他人的不足，也敢于自我批评。有时家长违反了交通法规,乱穿马路,他们也是毫不留情,"公事公办",回家还要说"你们是志愿者的家长,应该为大家做榜样"。学生在学习上、生活上的责任感也提高了。

4. 交警评价

学校的交通安全志愿者实践活动充分利用社区的资源,让孩子在接触社会的同时学到了服务他人的本领,并回报了社会。孩子们用自己的行动为市民做榜样,使更多人有了遵纪守法的意识,起到了许多法律、交警所不能起到的作用,为交警工作的开展打下了基础。交警要为孩子们的社会实践提供有力的保障,为形成体验教育的合力做力所能及的事。在孩子们的身上我们看到了希望,看到了我们的事业后继有人。

三、关于交通安全证的思考

(一)记录学生成长的证书

我校交通安全证的实践,记录学生成长过程中的规则意识和法治意识培养的主要经历和典型事例,引导学生积极主动地参与综合素质评价活动,激发学生学习法规的主动性,鼓励学生勇于进取、不断完善自我。

(二)交通安全证有待做大做强

我校将继续凝练交通安全特色品牌,让交通安全证走进家庭、走进社区,"小手牵大手",让父母、居民共同学习交通法规,遵守交通法规,让交通法规成为安全教育、规则意识和法制精神的第一课。

(三)发挥专项证书制度的辐射作用

上海市初中学生综合素质评价的内容有四个板块,即品德发展与公民素养、修习课程与学业成绩、身心健康与艺术素养、创新精神与实践能力。四个板块涵盖了初中学生综合素质教育的内容,专项证书制度在四大板块大有用武之地,思品素养教育专项证书、修习学业教育专项证书、健康艺术教育专项证书、创新实践教育专项证书……这些将是我们未来规划和奋斗的目标。

第七章 生涯发展证的实践探索

为了保障素质教育的科学开展,上海接轨中考和高考改革,强化教育测试,开展初中学生综合素质评价。上海市虹口区教育学院实验中学(以下简称虹教实验中学)开展学生生涯教育,推出生涯发展证书,将此证书的获得与综合素质评价紧密结合,伴随我校每一个学生在校的四年学习与生活。生涯发展证是对每一个学生生涯适应力的认证,能够促进培养和发展学生核心素养,提升学生的自我认识、社会理解和生涯规划的水平。

第一节 生涯发展证的缘起

结合新时代立德树人的总要求和校情、生情,我校确立了"让孩子的人生更'有戏'"的育人目标,力争培育"有梦想、有本领、有信心、有担当"的虹教实验学子。传承和发扬学校文化底蕴,着眼学生发展需要,我校"尊重差异,促进成长",开展生涯发展证的实践探索,让每个孩子在学校生活中都有获得感和成就感,努力为学生未来的生涯发展做好当下准备。

一、生涯发展证的背景

(一) 着眼学生发展需要

虹教实验中学位于上海市虹口区四川北路,超过60%的学生来自外来务工人员家庭,多数学生在家庭经济和文化背景方面处于相对弱势的地位。我校多数学生为非上海户籍,导致很多学生不能通过参加上海市初中毕业统一学业考试进入高中继续学习,这让很大一部分学生觉得自己的学业发展受阻,对未来充满迷茫和焦虑。为了能够获得升学机会,超过半数的学生在第二、第三学年会转回户籍所在地就读,这也使得我校在校学生的流失率明显增加。如何降低学生的流失率一直是我校发展的重要目标之一。

除此之外,不少上海户籍学生的父母因工作繁忙,与子女的深度沟通较少,特别是在孩子的成长与选择方面家庭普遍缺少责任担当。亲子沟通上的不足,让学生的身心发展得不到足够的支持,他们常常对自我认知、自我未来发展的理解和规划以及现阶段学习与未来职业选择之间的关系等感到苦恼和无助。

面对不确定的未来和多元化的学生发展诉求,学校教育能做什么? 我们应该如何支持和帮助学生更好地在未来的社会中立足? 如何帮助学生在今后更好地收获幸福的人生? 这些是我们一直在思考并努力实践探索的问题。

（二）传承和发扬学校文化底蕴

虹教实验中学曾是上海戏剧学院的旧址,校内留有许多文化名人的轶事传闻。影视作品《永不消逝的电波》中的人物原型李白烈士曾在附近从事革命工作,给学校留下革命传统教育的光辉历史印迹。学校地处虹口区文化名人街,周边的红色场馆资源十分丰富,是最有价值的育人平台。学校用悠久的学校文化和丰富的校内外资源积淀"有戏"校园,使它们成为引导学生"出彩"人生的教育素材。

"有戏"在汉语里泛指有希望、有盼头、能出彩的意思。在虹教实验中学,"有戏"这个词蕴含着更多的教育内涵:通过"有戏"校园的资源熏陶,培养学生成为"有梦想、有本领、有自信、有担当"的"有用之才",铺垫学生"出彩"人生。在实现中华民族伟大复兴这一进程中,每个人都享有走向成功、享受幸福、实现个人梦想的机会,我校办学须担负起责任,传承和发扬学校文化底蕴,为学生个人的发展与成长奠基。

虹教实验中学从校情、生情出发,对《中小学德育工作指南》《上海市教育委员会关于加强中小学生涯教育的指导意见》的要求进行校本化设计,充分传承和发扬学校文化底蕴,落实"立德树人"根本任务,以让学生在"有戏"的教育平台上成功"出彩"为目标,通过"有戏校园"建设,为学生铸就"成就梦想,承担责任"的教育大平台。

（三）对学生综合素质评价的校本贯彻

科学地评价学生的综合素质,积极推动学生全面发展,引导教育教学行为的落实,是教育工作者的应尽之责。21世纪以来,学生综合素质评价在社会发展和教育教学中的地位越来越重要,其发展也日益趋于科学完整。在科学技术不断发展的当下,我们的学生正成长于一个更加丰富且复杂的学习、生活环境中,他们将拥有更多样的人生选择,未来也将面临更多的不确定性。在这样的时代背景下,学校对学生进行的综合素质评价不能再局限于评出一个结果，仅仅对学生的在校综合表现进行等级划分，更重要的是需要引起学生对自身发展的重视，引导学生以评价结果为导向，反思自身，真正做到促进学生的全面发展和综合素质的有效提高。

虹教实验中学作为一所普通的初中学校，在校教师能够体会到在现有的学校教育生态环境中，"唯分数论""以排名论英雄"的应试倾向仍然存在，为数众多的孩子因为"成绩不灵"而对当前发展及未来成长丧失信心，并影响着"让每个孩子都有获得感和成就感"的目标的实现。长期以来，国家和上海市关于教育综合评价的价值导向为我们学校的教育评价实践提供了科学、有效的方向性指导。面对上级教育行政部门的政策导向和学校教育的改革发展及转型，我们一直在思考两个问题：一是在对学生进行综合素质评价时，我们的孩子最需要得到什么样的评价？二是学校应该为我们的孩子提供什么样的发展资源，让他们的综合素质评价内容更加全面、真实且能从中有所获益，在促进学生全面发展的同时，也能帮助他们更好地适应未来的发展？

《教育部关于全面深化课程改革落实立德树人根本任务的意见》中，明确把核心素养的内涵界定为"学生应具备的适应终身发展和社会发展需要的必备品格和关键能力"。基于落实学生发展核心素养、强化综合素养评价这一根本育人目标，结合《上海市教育委员会关于加强中小学生涯教育的指导意见》，我们意识到在中小学阶段大力推行生涯教育是我国义务教育阶段的重要内容和补充，是以学生为中心的未来取向教育的重要组成部分。于是，我校酝酿提出从自我认识、社会理解、生涯规划三方面开展学生生涯教育，以此促使学生综合素质发展由外部推动转向自主成长。

(四) "强校工程"带来学校发展机遇

2018年暑假期间，为了深入落实党的十九大精神和上海市委、市政府关于本市基础教育综合改革的部署，进一步提高初中教育优质均衡发展水平，努力让每个孩子都能享有公平而有质量的初中教育，上海市教育委员会颁布关于实施百所公办初中强校工程的意见，虹教实验中学被列为虹口区"强校工程"的基地校，由此，开启了虹教实验中学办学治校的新篇章。建立健全优质教育资源，共享辐射机制，探索紧密型教育集团建设，促进虹口区义务教育均衡优质发展，努力办好家门口的好学校，成为学校应有的责任担当。

在开启"强校工程"制定学校发展"一校一策"之际，我校校长有幸参加了第四期上海市"普教系统名校长名师培养工程""攻关计划"刘爱国基地的学习。通过系统深入地学习研讨，从上海市新中高级中学的示范中开启我校对培育学生综合素养的新思考。作为上海市实验性示范性高中之一，新中高级中学基于自身的办学理念，探索了以若干专项证书为主体的培养和评价学生综合素质的策略与方法。专项证书作为育人的有效"抓手",既是学习者学习和实践经历的反映,也是学习者文化理论水平和综合素质的证明,确保了"五育并举"的校本落地。这为新中考背景下我校综合素质评价的改革和实施提供了成功经验和前沿借鉴。

通过充分研讨和反复论证,借助"双名工程"等助力的机遇,虹教实验中学逐渐确立了"以促进师生生涯发展为引领的学校改进模式",包括学校发展定位、教师成长机会、学生成才路径三个维度。学校希望以生涯发展证的开发为突破口,让教师关注自身专业发展并促进学生成长,让每个学生在学校生活中都有获得感和成就感,努力为学生未来的生涯发展做好当下准备。

二、生涯发展证的提出及其意义

(一) 生涯发展证的提出

我校结合校情、生情,将生涯教育作为学校走向强校的新途径,将"生涯适应力"视野下的生涯发展证建设作为强校的新策略,通过生涯发展证让"生涯发展观念"成为强学校、强师生的新助力。我校通过生涯发展证,加强对在校每一个学生生涯适应力发展情况的评价,让每一个学生都能经历从自我认识到自我管理进而自我发展的过程,让评价对学生的未来成长产生深远的影响。生涯发展证有助于学生提升生涯适应能力,促进学生综合素质的提升和发展,这与《上海市初中学生综合素质评价实施办法》提倡的"尊重差异,促进成长"的评价原则高度契合。

(二) 生涯发展证的意义

选择生涯发展证探索作为我校"初中强校工程"建设的切入点具有重要意义。

第一,能够很好地适应我校学情,为占比很高、很早就要面临生涯选择的外来务工人员子女做好相应准备提供支持。

第二,为学生终身发展奠基,使学生在生涯适应力发展的关键时期——初中阶段,为更好地适应未来注定多变的生涯打下扎实的能力基础。

第三,有助于转变教师的教育观念,使教师超越对学业水平的单向度关注,注重着眼于学生的全面和终身发展。

第四,为学校打破瓶颈再出发提供突破口,有助于学校克服当前发展所面临的生源质量和教师队伍方面的巨大挑战,在充分挖掘自身优势和调动外部资源的基础上重新起航,持续发展。

第二节 生涯发展证的实践探索

生涯发展证是以我校校本"生涯适应力"学习为基础,结合当前以综合素质评价为导向的初中评价改革要求而设计、使用的。理解生涯发展证的设计使用,需要结合了解校本"生涯适应力"学习的内容及实施情况。作为学校课程体系的有机组成部分,"生涯适应力"学习最终也指向"让孩子的人生更'有戏'"这一育人目标,但又在其中承担着独属于自己的任务。生涯发展证的实践结合德育活动、课堂学习、综合实践、项目活动等,为学生提供多种学习经历,不断促进学生生涯意识和能力的发展,将评价始终贯穿于生涯进步、个性发展和良好自我形成的过程中。

一、生涯发展证的评价目标和原则

(一)评价目标

生涯适应力原指个体在应对不可预测的生涯发展任务、生涯转换和生涯问题时的因应准备程度。随着时代发展和教育改革,即便是初中生,所面对的学习、生活以及未来生涯发展问题也日益复杂。我们从以学生为本的视角出发,用生涯发展证来认证和评价初中生在面对复杂的学习、生活以及未来生涯发展选择和问题时的准备程度和应对水平。

(二)评价原则

生涯发展证的评价必须适应新时代教育改革的要求,立足课堂教学,同时为学生提供多种学习经历,倡导推进学生成长和教师发展的评价理念和方法,关注师生生涯意识和能力的发展,关注师生的价值观念、知行合一和生涯成长。

1. 发展性原则

生涯发展证的评价关注给每位学生提供发展空间,与高中、大学乃至继续教育阶段的生涯教育联系在一起。通过科学的评价机制,激励学生自我管理,积极地对自身的成长进行反思,不断积累生涯体验和实践经验,主动提高生涯适应力。

2. 综合性原则

生涯适应力是一种综合素养,是自我、环境、技能、价值观综合作用的结果。生涯发展证的评价使学生从多方面、多维度获得反馈信息,有助于学生不断积累对自己生涯发展的兴趣、好奇、自信和能力。

3. 实践性原则

生涯指人的全部生活,包括家庭生活、学校生活和未来的职场生活。生涯发展证的评价尤其关注学生求知、积累、研究的过程,致力于学生自我认识力、社会理解力和生涯规划力的提高。

二、生涯发展证的评价指标设计

结合生涯适应力校本学习,我校边实践边修订,建立了生涯发展证的能力评价指标,具体内容见表7-1。

表7-1　生涯发展证评价指标

核心能力	评价标准及描述	
	低年级(六、七年级)	高年级(八、九年级)
生涯认知力	认识和理解生涯的内涵、意义,对个人和外部环境等对生涯有所影响和启发的因素保持好奇和关注。如在"生涯认知力"学习过程及效果评价表中,学习过程中的兴趣态度中的"具有自觉学习的愿望和主动性"就是对生涯好奇和关注的具体表现。	树立恰当、正确的生涯观念和生涯价值取向;关注自己的当下生活和未来生涯,逐步形成当下和未来生涯方向的选择。如在"生涯认知力"学习过程及效果评价表中,学习效果的能力表现中会注重"对个人未来发展既客观又保持积极的价值态度"。
生涯理解力	确立起对自身生涯的主体意识,以积极的态度,带着自信去探索如何建构自己的生涯。如在"生涯理解力"学生行为表现评价表中,会鼓励学生积极表达,输出观点,这些都是在强化学生的主体意识和自信的态度。	逐步深入、客观地认识自我和周围环境,并与自身的生涯理解和规划结合起来。如在"生涯理解力"学生行为表现评价表中,成果部分会尤其注重启发意义和社会价值。
生涯规划力	初步掌握生涯规划的技能和工具,并将其应用于当前的生活和学习规划中。如在PBL的学习中会选取与学生生活密切相关的项目主题,并在"生涯规划力"项目化学习(PBL)成果评价表中突出时间管理、分工、合作等必要的生活和学习能力。	懂得识别实现自身生涯规划过程中的有利因素和阻碍,并能有意识地利用有利因素、克服或规避阻碍。如在"生涯规划力"项目化学习(PBL)成果评价表中,问题解决和反思总结正是对项目化学习过程中阻碍的识别和思考,而对科学性、丰富性、合作性等能力的强调则是克服和规避阻碍的有利方式。

三、生涯发展证的评价工具、评价体系及操作方法

在指标设计的基础上,结合生涯适应力课程三个板块的内容,我们进一步开发了相应的评价工具,构建起生涯发展证★阶段、★★阶段、★★★阶段的评价体系(详见表7-2)。

表7-2　生涯发展证的评价工具

	评价内容	评价工具
生涯发展证★阶段	"生涯认知力"的课堂学习表现	学生学习过程及效果评价表
生涯发展证★★阶段	"生涯理解力"的学习行为表现	学生行为表现评价表
生涯发展证★★★阶段	"生涯规划力"的学习成果展示	项目化学习(PBL)成果评价表

(一) 生涯发展证★阶段的评价方法

生涯发展证★阶段主要是对六、七年级学生参加"生涯认知力"课程的课堂学习情况进行评价。在该阶段,主要依靠每学期的课堂反馈信息,对学生的学习过程及学习效果进行价值判断和适当矫正。若连续四学期自我评价、小组评价、教师评价均达到60分及以上,则通过★论证。通过学习过程及效果评价表评价,把学生的生涯认知和技能的视野扩展到情感态度、价值认知、行为习惯等,落实对课堂知识与技能、过程与方法、情感态度与价值观等综合因素的评价,从而比较全面地反映学生"生涯认知力"课堂学习的过程和效果。

表7-3　"生涯认知力"学习过程及效果评价表

评价项目	评价内容	评价标准	自我评价	小组评价	教师评价
学习过程 (共60分, 每题4分)	兴趣态度	具有自觉学习的愿望和主动性。			
		独立思考,能形成属于自己的观点和看法。			
		敢于质疑,对老师或同学的观点有疑问时会有礼貌地表达或提问。			
		具有发散思维,思路开阔不受局限,愿意听取他人的意见和建议。			
		积极参加与之相关的各类社会实践和课外活动。			

（续表）

评价项目	评价内容	评价标准	自我评价	小组评价	教师评价
学习过程（共60分，每题4分）	兴趣态度	积极参与小组讨论,开展合作学习。			
		在课堂以外的学习生活中能积极运用所学的知识和能力,并表现出端正的生涯价值观。			
		善于捕捉日常和社会生活、影视作品中相关的信息和素材,并有所思考。			
	学习习惯	会及时预习和复习课程内容。			
		会提前准备课程所需工具和资料。			
		按时完成课后习题和作业。			
	学习方法	善于灵活运用课堂所学的学习技巧和学习方法,如时间管理、制订计划。			
		善于理论联系实际,能将课堂所学运用在生活中。			
		善于学科渗透,将课堂所学转移到其他学科的学习中。			
		会在学习过程中探索适合自己的新型学习方法和技巧。			
学习效果（共40分，每题4分）	能力表现	对个人生涯进行有意识的思考和关注。			
		对自我认识更加清晰全面。			
		人际沟通和交往能力有所提升。			
		具有一定的分析和知识迁移能力,解决学习和生活问题的能力有所提升。			
		能对同类社会事件、人物和现象进行比较分析,形成自己的态度和观点。			
		对个人未来发展既客观又保持积极的价值态度。			
	学习效率	单位时间内完成学习任务的质量和速度等。			
	成果展示	充分发挥所长,在成果制作和展示过程中有出色表现,如较高质量的调查报告、文创作品、演讲辩论、活动设计、戏剧表演等。			
		积极提升不足,在成果制作和展示过程中敢于挑战自己不擅长的领域,或愿意承担相应的辅助性工作。			
		成果整体完成度高,令人印象深刻。			
综合建议					

（二）生涯发展证★★阶段的评价方法

生涯发展证★★阶段,主要是对七、八年级学生参加"生涯理解力"课程的学习情况进行评价。

"生涯理解力"是"生涯适应力"课程的提升阶段,也是理论联系实际的必要阶段。在该阶段紧抓"理解"二字,以互动学习(40%)和合作探究(40%)为主,认知拓展(20%)为辅的学习方式。在此阶段,学生需要深化理解"生涯认知力"课程的所学内容,并主动将其迁移到日常生活、学科学习、德育活动、社会实践中,扩大所学的应用范围,把生涯知识通过体验实践转变为可以灵活运用的生涯能力,为后续的"生涯规划力"学习和应用积蓄能量。

刚刚学完"生涯认知力"的七年级学生,对生涯的认知容易停留在懵懂的"纸上谈兵"阶段,亟须通过大量的、丰富的、多维度的体验活动和实践课程来丰富认知、深化理解、内化所学。学校以德育融合、学科渗透、综合实践活动为实施路径,帮助学生加工理解所学内容。

以综合实践活动中的生涯适应力学习为例,在虹教实验中学,以综合实践活动为载体开展生涯教育的实践中,除了单纯的职业体验活动外,我们还尝试了将职业体验、社会服务、考察探究、设计制作等活动互相交融的方式,期望帮助学生获得更为丰富、全面的生涯觉察和探索。这样做可以拓展学生对社会生活和现有职业的了解,也可以增进学生对自我的认识,有助于学生逐步完善自身的价值观和生涯观,并掌握一定的实践知识和技能。

1. 融入生涯教育的创新实验室课程

学校从2015年开始建设"小组织中的大世界"创新实验室及相关系列课程。在加入生涯教育元素后,整个课程融合了考察探究、设计制作和职业体验等多种方式:既有对植物组织培养这一现代农业技术的初步掌握,以及对未来先进农业技术发展趋势的学习和了解,也有对植物生长因素及原理的探究学习;既有植物种植基础理论的学习,利用编程进行自动浇灌装置的设计与制作等活动,也有后期增加的鲜花港和袁文辉基地等的参观活动。

通过这些丰富多彩的学习与实践活动,学生不仅能够充分体会现代农业技术高效、节能、生态的优点,培养和提升学生基于问题的综合学习与实践创新的能力,同时也使学生的经济意识、质量意识和环保意识等得到了加强,为其今后进入社会进行相关决策时能做出正确的选择奠定了基础。

2. 渗透生涯教育的志愿者服务课程

我校开设了具有戏剧特色的志愿者活动课程,课程采用自愿报名的形式组建由艺术特长生为骨干的志愿者学习队伍。通过课程的再设计,教师在实践活动中引导学生围绕主题选择切入点、活动内容和活动目标等,以提升学生自主规划和管理的能力。

小志愿者们完成了民主商议推选队长、共同商讨制定队伍公约和服务准则、制订志愿者活动计划等一系列事项,并通过校内实践、校外辐射和线上延伸三个层面的志愿服务,在传承戏剧文化传统的同时,使自我的规划与管理能力得到发展。在服务他人和社会的活动中,学生体会到奉献快乐的同时,也提升了对自我社会价值的认识。

3. 发展生涯能力的台前幕后戏剧课程

从学校 2010 年开始探索和建设以戏剧艺术为主的特色课程以来,话剧社的社团活动一直都深受学生的喜爱。为丰富学生的体验,我们围绕编排一出戏,设计了以表演为主并增加编导、舞美、灯光、音效、宣传等多项体验的综合实践活动。话剧社团的活动设计重视学生的自主性和实践性,通过引导学生围绕各项主题选择切入点、制定活动目标等,提升学生自主规划和管理的能力。

4. 奠基生涯选择的职业体验课程

借助职业体验学习中心的资源,我们为七年级学生设置了为期一周的职业体验活动。通过自主选择体验中心的众多课程,比如企业经营、花艺制作、数字音乐,学生不仅了解和学习了相关行业所需的技能,也对不同职业群体的现实状况有了初步的了解。

结合上述活动的开展,在生涯发展证★★阶段,主要考查学生在真实或模拟的情境中解决某个问题、创作某种作品或是进行观念表达的能力。师生通过观察学生的行为表现,以及相关学习任务(主题演讲、学习讨论、角色扮演、社会调查等)的完成情况对其进行评价。若连续四学期自我评价、小组评价、教师评价均达到 60 分及以上,就可以通过★★论证。"学生行为表现评价表"的实施,不仅要评价学生生涯认知和技能的掌握情况,更要评估学生在创新精神、实践能力、合作态度、社会责任感等方面的表现。学生通过"生涯理解力"课程的学习,能够对外部环境变化有更多的理解,能处理好自我与社会的关系,养成现代公民所必须遵守和履行的道德准则和行为规范。

表 7–4 "生涯理解力"学生行为表现评价表

行为分类	行为形式	评价标准	自我评价	小组评价	教师评价	荣誉勋章
学习行为	小组讨论	积极表达,观点独特有创意				真知灼见章
		耐心倾听,借鉴他人观点				虚怀若谷章
		善于组织,领导力有目共睹				高瞻远瞩章
	角色扮演	创作实力,不容小觑				未来大编剧章
		投入角色,感染力强				最佳戏精章
		没有小角色,只有好演员				好戏之星章
成果行为	演讲辩论	观点清晰,掷地有声				不同凡响章
		逻辑清晰,表达自如				苏格拉底章
		礼貌得体,值得欣赏				风度翩翩章
	社会调查	资料详尽,角度丰富				星罗棋布章
		数据整理清晰,极具说服力				数据大师章
		结论新颖,引人思考				掷地有声章
	文创作品	设计新颖,让人眼前一亮				创意无限章
		积极参与,贡献己力				合作友爱章
		具有社会价值,发人深省				社会小主人章

勋章获得标准:自我评价(1—5 分)、小组评价(1—5 分)和教师评价(1—5 分),三项总分相加超过 10 分,可获得该勋章荣誉。

(三)生涯发展证★★★阶段的评价方法

生涯发展证★★★阶段,主要是对八、九年级学生参加"生涯规划力"课程学习情况的评价。

"生涯规划力"是"生涯适应力"课程的内化阶段,以学生自身的学校生活和家庭生活的抉择和落实为目标,课程以合作探究为主,更倡导学生在对自身的理解和认识的基础上,通过与同伴、师长以及其他社会公共资源的合作探究,制定实事求是的符合自身能力和未来发展的生涯计划。它是对"生涯认知力"课程、"生涯理解力"课程的综合和应用,即将在这两个板块中学习到的知识技能,以项目学习的方式具体应用到学习生活、家庭生活和未来生活的规划当中。

　　1. 项目化学习融合的生涯教育

　　虹教实验中学尝试在"生涯规划力"课程中引入项目化学习的设计与实施,不仅是一个教育理论的概念,更是一个实践操作性的概念。生涯教育的最终目的是帮助学生解决自身面临的实际生涯问题,发展学生对生涯问题的鉴别、分析和解决能力,这一过程和项目化学习的实施过程基本一致,指向培养学生立足课堂、面向未来的自我规划能力。

　　"生涯规划力"课程与项目化学习联动的运作,主要特征包括素养教育目标、综合性问题、持续性探究、跨学科学习。在这些特征中就有诸多理论的渗透。

　　素养教育目标:项目化学习一定要明确相应的素养教育目标。素养是一种习惯,一种准备就绪的状态,或一个特定行为方式的倾向。素质的内涵更广,指思想、文化、身体,即代表德、智、体等方面,素养与素质有紧密的联系。

　　综合性问题:项目化学习指向综合性问题,考察其中的共同性和规律性。比如"生涯适应力"课程就不是单一学科或单一方向的问题,而是涉及多角度、多层次、多学科,对学生进行综合能力培养与考察的问题。

　　持续性探究:项目化学习并不是一蹴而就能够完成的,需要一个长期的过程。"生涯适应力"课程的实施伴随学生在校的学习生活,进行驱动性问题的跟进研究,包含调研、知识建构、解决问题和建立模型。

　　跨学科学习:"生涯适应力"课程提倡进行跨学科学习,其中不仅有当下学科课程的学习,还有综合实践活动,以及指向未来职业兴趣培养的学习。

　　2. 项目化学习的生涯课程

　　"生涯规划力"课程以项目化学习的方式列入学校的课程计划,明确学习主题,强化学生的自主学习、合作探索和学习成果展示。课程内容分为四个模块:自我价值、他人价值、学习价值和生涯价值。项目化学习生涯主题课程主要帮助学生更好地体验和理解生涯适应力系列课程中的知识与技能、过程与方法、情感态度与价值观,以帮助学生实现协调发展。

表7-5 "生涯规划力"课程和项目化学习主题的联动体系架构

<table>
<thead>
<tr><th colspan="2">项目化学习主题</th><th>课程模块</th><th>项目主题</th><th>知识与技能</th></tr>
</thead>
<tbody>
<tr><td rowspan="9">自我价值模块</td><td>关于"我"的问题</td><td rowspan="4">认识自我</td><td>发挥优点</td><td>通过"新木桶理论"清晰地分析自己的优缺点,善于将优点应用到更多方面,影响他人,对生活和学习产生积极影响。</td></tr>
<tr><td>关于"我"的研究</td><td>改善缺点</td><td>正视并积极看待自己的缺点和不足,具有成长性思维,有计划、有目标地改善自身缺点,善于自我总结,保持开放的心态,积极听取他人的建议并在行为中不断练习。</td></tr>
<tr><td>关于"我"的答案</td><td>性别差异</td><td>尊重性别差异,懂得理解和欣赏异性伙伴,并从中借鉴,丰富自己看待世界、规划自身的角度。</td></tr>
<tr><td rowspan="6">更大的"我"</td><td>客观看待他人评价</td><td>善于客观分析和看待他人对自己的评价,借鉴有建设性的评价,不纠结于无理评价,敢于反驳恶意评价,以他人为镜,积极成长。</td></tr>
<tr><td rowspan="5">认识能力</td><td>意志力</td><td>在认识意志力具有可成长性的基础上,针对自己的薄弱环节,制订意志力提升计划并付诸实施。</td></tr>
<tr><td>抗挫力</td><td>正确面对挫折背后的情绪,培养乐观的品质。</td></tr>
<tr><td>压力管理</td><td>善用压力,让压力变成自我成长的动力,制订清晰可行的压力管理计划以应对生活和学习中的重大压力事件和挑战,如考试、升学。</td></tr>
<tr><td>情绪管理</td><td>面对愤怒、焦虑、低落等常见情绪,有办法且有能力去克服和自我调整,避免出现失控或不当行为。</td></tr>
<tr><td rowspan="4">他人价值模块</td><td>我和他人,有什么关系?</td><td rowspan="4">人际管理</td><td>亲子沟通</td><td>换位思考,理解父母,积极沟通。</td></tr>
<tr><td>不一样的TA</td><td>异性交往</td><td>自我尊重,保护自己的身体权利,同时尊重他人,保护他人的身体权利。</td></tr>
<tr><td>我是班级一分子</td><td>集体意识</td><td>积极参与班级规划和班级建设,为优化班集体提供切实可行的建议,并将其付诸实践。</td></tr>
<tr><td>我是志愿者</td><td>社会意识</td><td>在校园、家庭生活中树立和发挥社会意识,积极投身社会实践和志愿者活动,通过服务他人成为更好的自己。</td></tr>
</tbody>
</table>

（续表）

项目化学习主题		课程模块	项目主题	知识与技能
学习价值模块	关于学习的问题	学习管理	思维导图	运用思维导图解决学习中的困难和挑战。
	辩论方法探索学习		金字塔原理	运用金字塔原理解决学习困难。
	关于学习的辩论		发散思维	保持开放的头脑，积极获取外部信息，在学习和生活中积极运用发散性思维解决问题。
	学习的意义		独立思考	不断实践独立思考的三个阶段：质疑、判断、求真，从中积累解决问题的能力，训练表达观点的能力和分析总结的能力。
生涯价值模块	生涯认识力	生涯管理	生涯自信和控制	关注学生在生涯自信和生涯控制上的能力发展。
	生涯理解力		生涯理解的需要	注重学生的生涯好奇和生涯关注，满足学生对外部环境变化的体验需要，有针对性地发展他们的相关知识和技能。
	生涯规划力		生涯自我规划力	结合初中生的特点，主要落实在对自身学校生活、家庭生活的规划和抉择上。

基于项目的学习（PBL）是以学生为主体，围绕现实生活或情境中的问题，依托小组合作和教师指导开展的，旨在解决问题的探究性学习活动。生涯适应力课程致力于帮助学生学会处理学习生活中的实际问题。以学生的校园生涯为主要背景，围绕学生学习生活的现实问题，用基于项目学习的方式对自我价值、人际关系、学习管理、公民素养等主题进行探讨和应用，是达成这一意图的重要途径。

生涯发展证★★★阶段，主要考查学生参加生涯规划力相关项目化活动，以校园生涯为主要背景，围绕学习生活中的现实问题，在项目学习中对自我价值、人际关系、学习管理、公民素养等主题进行探讨和综合应用中的行为表现。学生在完成★★阶段论证后，可以在四个模块中选择一个进行组团研究和成果展示，若综合能力考核达到60分及以上，则通过★★★论证。利用"项目化学习（PBL）成果评价表"对研究性学习成果展示进行多维度的评估和打分，以此衡量学生将在生涯认知力和生涯理解力课程中学习到的知识和技能应用到学习生活规划、家庭生活规划中的能力。

表 7-6　生涯规划力项目化学习(PBL)成果评价表

PBL 活动综合能力考核表						
班级：		组别：	成员：			
序号	考核项目	考核内容	评分标准	满分	分数	项目得分
1	PBL 研究过程	研究主题	有清晰的研究主题,任务内容明确。	10分		
		研究素材	研究过程涉及的原始材料或素材丰富、扎实。	10分		
		时间管理	能合理规划时间,按时完成每个阶段的研究进度。	10分		
		问题解决	能发现问题和难点,并通过自主或寻求帮助等方式来合理应对。	10分		
		研究结果	研究结果清晰、明确,有启发性。	10分		
		成果展示	能以清晰、翔实、有吸引力的方式,展示研究的全过程及研究结果。	10分		
		反思总结	对研究过程有反思总结,并对自身的学习、生活或成长具有启发性。	10分		
2	研究方法	丰富程度	运用多种研究方法,1 种/2—3 种/3 种以上,可分别记 5 分/10 分/15 分。	15分		
		科学程度	研究中秉持科学精神,客观、严谨、实事求是。	5分		
3	团队协作	团队分工	团队分工合理,并且每个人都能参与其中。	10分		
		合作精神	团队氛围良好,团结友爱、平等尊重、有责任感。	10分		
总分：						

第三节　生涯发展证的现实意义与未来发展

虹教实验中学把生涯发展证融入学生综合素质评价中,强化了学生生涯适应力学习的感受和体验,推动了学生综合素养的培育,促进了师生的共同发展。

一、生涯发展证设计和使用的现实意义

(一) 生涯发展证是新时期学校实施素质教育的有效载体

生涯发展证评价是学校实施素质教育的有力抓手,生涯适应力三个维度的评价要素涵盖了科学、人文、信息、技术等方面。学校实施生涯发展证的过程就是推进素质教育的过程,将综合素质评价落实到位就意味着素质教育的实施到位。这种关注全程、注重激励和导向,具有反馈、调整和改进功能的评价方式,正在成为实现教育真义的一种有效载体。与过去的评价方式相比,这种质性与量化相结合的评价方式,将成为促进学生健康成长和全面发展的有效载体。

(二) 有利于教育和促进学生的全面发展,也是学生成长的动力和源泉

生涯发展证评价不仅关注"认知"和"结果"的评价,同时也重视"行为"和"过程"的评价。改变单一评价主体现状,加强自评、互评和他评,使评价成为教师、学生积极参与的交互活动。评价日常化可以更清晰、全面地记录个体的成长,同时配合恰当、积极的反馈方式,可以让评价主体对自身建立更为客观、全面的认识,促进其进一步发展。个性化地关注学生的成长过程,让学生体验成功,并在这一过程中不断发现自己的长处和不足,然后能够及时改正,取长补短,管理自己,完善自己。这种评价方式还能培养和锻炼学生的与人交往能力、自我管理能力、评价能力、合作意识、主体意识、创新意识,帮助学生建立良好的反思与总结习惯,有利于学生生涯的可持续发展。

(三) 为学校提供学生自主管理的手段

过去的学校管理主要是依靠各项规章制度进行自上而下的刚性约束,学生大多是被动地执行。新的生涯发展证通过目标的设立,实现了上下联动,引导学生主动追求目标的实现,使学生追求目标的过程成为自我约束的过程,实现从被动约束到自觉遵守的转变。这样的管理方式体现了人文关怀,更加人性化。

目前,虹教实验中学结合学生生涯教育开展生涯发展证评价,将其贯穿在学校教育教学管理的全过程,并与学生德育紧密结合,涉及核心价值导向、思想品德教育、学生发展规划、课程与教学渗透、情感理想塑造等,可与综合素质评价的各个维度全面接轨,为推行综合素质多元评价提供了有利的平台。

（四）为教师、学生的自我完善和个性发展提供学校制度保障

对学生而言,获得生涯发展证的过程就是一次全面地自我认识、自我展示和自我规划的过程,学生会在这种认识、展示和规划的过程中受到一次教育。对教师而言,借助生涯发展证可以更全面地认识学生。

结合综合素质评价而开展的生涯发展证评价不仅提出了学生发展的方向,还与学生的未来升学接轨,与学生的人生发展联结,使其成为时刻激励学生的"兴奋剂",成为引导学生正向发展和不断进步的有效的外在约束力。这正是目前学生成长过程中欠缺的教育方式。

（五）有利于建设实事求是的诚信社会

学生发展报告是否真实、有效地落实是综合素质评价改革的关键环节,直接决定着改革的成败。综合素质评价面对的是成长中的学生,其中的关键在于:①是否坚持实事求是和诚信的原则;②是否坚持发展、激励和期望的教育观点。学校和教师在生涯发展证的评价过程中,始终坚持实事求是、诚信的原则,始终坚持对学生怀有期望,这对学校、教师的教育理念和思维方法,对学生的思维方式和做事方式都将产生重大影响。学校具有辐射和"教化"社会的功能,学校内的改变也会逐渐影响社会的改变。

二、生涯发展证的未来发展

（一）进一步取得社会的理解和认同

虹教实验中学全面推进"生涯适应力"学习及生涯发展证评价,着眼教育对象,加强学校与社会、家庭联系的平台,通过强化家校联系和家校互动,提升学生的整体素质。学校结合学生生涯适应力的进步开展学生综合素质评价,使得评价更为真实、客观,以发展的眼光看待问题,帮助学生不断修正错误、克服惰性,使学生坚持自律,促进发展。目前的难点在于如何调动家长与社区参与评价的积极性和主动性,进而保障评价的公正公平和诚信目标的实现。学校要面向社会、家庭做好宣传工作,取得整个社会的理解和认同。学校还可以重新发掘家长委员会、家长学校的职责与功能,扩大社会影响,形成社会共识。

（二）建立学校和教师的诚信档案

结合生涯发展证的测评实施综合素质评价相关的制度是必要的保障,学校建立诚

信系列、承诺系列、奖惩系列的规章制度非常重要。仅从上级的要求出发来保证实施过程的公信度已不适应实际操作的需要,建设由公示、监督、申诉、举报等构成的评价"阳光"制度任重而道远,甚至可以引入法律的"公证"制度。对涉及综合素质评价的生涯发展证进行诚信认定是学校、家长和学生非常关心的问题,这更加说明建立学校和教师诚信档案的迫切性。

（三）结合评价改革内容细化生涯发展证评价指标

对学生基础素养的评价必须科学和细化。目前,对学生基础素养评价的内容主要还是基于道德品质、公民素养、学习能力、交流与合作、运动与健康、审美与表现六个方面。这六个维度是教育部统一的内容,但不同地区的实际情况会有所差异。结合校情,在原则规定之下应该有怎样具体的内容和操作,还有待不同学校的校本化实施。不断完善学生的"生涯适应力"学习,加强学生对自己人生的理想指导、价值引导、学业追求和生涯选择,就是虹教实验中学对学生生涯发展证评价的必要拓展和补充。因为生涯教育是落实到每一个学生身上的,更具个性化,所以相关素养评价就须更加精准。

（四）将综合素养导向的生涯发展证纳入人生规划中

目前,学生综合素质评价仅局限于学生在校学习阶段的结论性评价,但教育不应仅仅局限在学生在校教育的阶段,而要为学生的终身发展奠基。应建立基于学生的才能、志趣和道德品质、潜能素质、个性的全面发展等方面的档案,将综合素养导向的生涯发展证纳入学生的人生和生涯规划中,帮助学生在人生发展上进行规划、设计和自我控制,这就是生涯规划的目的。

第八章　基于职业体验证书的评价实践探索

2019 年 4 月,上海市教委公布《上海市初中学生综合素质评价实施办法》,对课程计划内的社会实践进行了丰富和细化,尤其关注适应初中学生成长特点的社会考察、探究学习、职业体验等综合实践活动的情况。经过研讨,我校制定了《上海市第五中学综合素质评价实施办法》,将职业体验纳入学校的教育目标和教学计划,与学校课程体系相融合,并对接上海市新中高级中学的专项证书制度,开展了职业体验证书的评价探索与实践。

第一节　职业体验证书的实施背景

职业体验证书是我校学生在初中阶段参与职业体验系列活动的证明,也是学校对学生进行综合素质评价的重要组成部分。通过参与职业活动体验、社会岗位服务、科创项目探究等,学生可以接触多元的职业领域,尝试不同的职业生活,将学习所得与实际生活紧密联系,并以证书的形式认可个体的相应行为、收获和能力。

一、学校原有基础

我校在多年前就开始思考如何为学生提供职业发展信息,培养学生适应职业世界的能力,促进学生个体融入社会。2016 年,我校学生组成"善导护河队",开展生物探究实验、宣传河道养护知识,拓宽了社区志愿服务的内容;2017 年,我校开始在心理活动课中加入职业生涯教育的内容,带领学生探讨与职业相关的话题,让学生通过采访职业人了解身边的职业世界;2018 年,课本剧社团的学生为虹口图书馆的小读者开展绘本表演指导,在"虹图读书节"的开、闭幕式上进行剧目展演,将所学用于社会生活。多年来,学生的科技创新作品和社会调查项目愈发聚焦于实际生活,将学习与未来发展紧密联结。

对初中生而言,职业体验活动重在激发个体对职业的兴趣和向往,体验活动的过程更为重要。以往学校的职业体验活动多以完成相应活动经历为评价内容,学生在活动后有收获和感悟,但缺少及时的反思交流和多元展示,评价的方式也较为简单。随着实践的推进,我校持续探寻更为优化的评价方式,希望通过适切的评价机制提升职业体验活动的实效,促进学生初步形成对职业生涯规划的思考,为个人的个性化发展提供支持与助力。

二、评价策略思考

新课程评价改革提出"一切为了学生的发展"这一核心思想,也由此奠定了学生评价的基本价值取向,即促进学生发展是一切评价活动的出发点,提倡评价主体多元化,形成评价共同体,推崇多种价值选择。开展职业体验活动的评价实践,拟定适合初中学生的评价方式,首先需要对相关理论进行深入学习和研究。

(一) 有关评价方式的理论学习

学生的行为表现是生命在成长的某一时间某一场合等多种因素的耦合,是最为自然的真实状态。这些进行中的状态里蕴含着多种可能性,可能是滞留、退化,也可能是进步,甚至是质的转变。① 我们需要通过合适的评价方式帮助个体合理解读这些状态,觉察自身发展的可能性,引导个体定位积极的发展方向。

在传统教学中,教师一般最后才会考虑评价方式,这样往往容易远离预期的学习目标,效果不佳。根据威金斯的逆向设计理念,"评估"要紧跟"目标"。② 因此,评价方式应多元化,除了总结性评价,还应包括形成性评价,时刻关注学生在过程中的表现。

评价应是动态生成的,应更多关注过程,看到个体的变化与成长,促进学生的个性化发展。职业体验活动的评价可以通过观察学生在活动过程中的实际表现来评估个体在知识运用、合作交流、创新实践、情感态度与价值观等方面的变化和能力发展,学生可以通过活动中的人际互动、书面报告、演说汇报、资料收集、作品展示等多样化的方式呈现自己的收获与成长,用自己的行为表现证明学习活动的过程和结果。

上海市初中学生综合素质评价是以评价促发展的发展性评价、自评与他评相结合的

① 李晓文.学生自我发展之心理学探究[M].北京:教育科学出版社,2001.
② 孙良红,刘徽.创设真实性学习情境的五大步骤——以加拿大不列颠哥伦比亚省"应用设计、技能和技术"课程为例[J].上海教育,2018(32).

多主体评价、基于写实记录的写实性评价、形成性评价与终结性评价相结合的全程性评价。综合素质评价实施的根本目的在于促进学生全面发展基础上的个性化发展。[①]

评价过程是师生互动的过程，学生不仅是评价的对象，也是评价的主体。评价应贯穿职业体验活动的全过程，而不仅仅是活动结束后的环节。学生可以对照评价标准进行自我评估并及时调整学习策略，在活动过程中进行反思，不断优化个体行为，充分体现学生的主体性。

基于以上学习与思考，我们认为职业体验活动的评价策略应体现综合素质评价的内涵，关注学生的主体性和发展性，充分发挥自评、互评、他评的交互功能。

（二）有关专项证书制度的学习

上海市教委颁布《关于实施百所公办初中强校工程的意见》，着力通过政策支持和专业扶持，促进百所公办初中提质增效，办成"家门口的好初中"。上海市第五中学成为虹口区强校工程实验校之一，李西双校长依托名校长名师培养工程，成为上海市第四期"双名工程"刘爱国攻关基地的一名学员。在基地主持人刘爱国校长的带领下，成员学校校长集体学习了新中高级中学的评价制度，对学生综合素质培养的实践进行了深入的研讨和探索。

新中高级中学通过落实"四证教育"，践行学校"树德修能"的校训及"为学生终身奠基，让学生终身怀念"的办学理念，初步建立了"专项证书制度"的学生综合素质评价体系，并初步取得了成效。[②]"四证"特指大学学生证、体育专项证、社团团员证和社会实践证。这一专项证书制度为学生自我定位、自我悦纳提供了真实有效的评估依据，提升了个体自我发展的动力与信心。

随着学习的推进与深入，将专项证书制度引入我校的评价体系中逐渐从思考落到了行动，我们期望通过实践不断优化各项活动的评价方式，为本校学生的个性化发展提供有效的评估参考。

（三）职业体验活动

2017 年，上海市教育委员会发布关于加强中小学生涯教育的指导意见。生涯教育是连接校园与社会的桥梁，初中阶段的生涯教育侧重生涯探索，而职业体验是初中阶段学生进入职业世界的练习场。初中阶段的职业生涯教育主要通过体验活动帮助学生将已学的知识进行内化，因此需要强化学生的学习动机和参与积极性。

从自我发展和人的潜能实现来看，内在动机不仅是激发学习积极性的手段，而且

---

① 陈朝晖.普通高中学生综合素质评价实施研究［D].河南大学,2016.
② 刘爱国.深化"四证教育"奠基终身发展［J].基础教育参考,2018(21).

可以促进学生的自我发展水平。培养学生的内在动机,必须让每一个学生都有机会在学习中产生积极的体验,要实现这一点就需要扩大体验的范围,引导学生将现实生活中的感受与知识学习相融合。强调培养学生的内在动机,最根本的是要注重从学习活动过程感受学习的积极意义,并且在此过程中形成自我的内在价值体验,能够对自己的认知活动感兴趣,能够为自己的进步而激动,能够为自己的成功而兴奋。[①]

基于以上思考,我们认为职业体验活动应为学生创设多元化的活动情境,促进个体产生积极的情感体验,引导学生将日常所学与实际生活建立联系,真正因为感兴趣而投入,因为有收获而成长。

职业体验活动的评价机制应起到激发学生自我发展内驱力的作用,评价目标指向核心素养,评价标准体现个性发展,评价结果促进长远发展。

三、职业体验证书的设计

初中是个体开始思考职业生涯、产生职业关注的起步阶段。结合初中生的心理特点,我们将职业体验活动的目标定位于引导学生认识职业角色、培养职业兴趣,初步形成职业规划的意识和能力,引导学生尊重劳动、弘扬工匠精神。学生通过参与相应的职业体验活动,将在职业兴趣、职业认知、职业能力等方面得到发展,获得职业体验证书。

(一) 证书设计原则

每个学生的发展水平和成长节奏都是不同的,职业体验活动的评价原则也应体现学生的个性化成长。

1. 客观性原则

职业体验证书的获得基于学生亲身参与相应的职业体验活动,形成个人体验感悟,收获成长,实事求是,评价客观。

2. 自主性原则

职业体验证书中,各活动版块的参与及争章包括必修项和选修项,学生拥有自主选择的决定权,可以根据自己的实际情况和发展需求参与活动体验和项目探究,进而获得相应奖章。

3. 连续性原则

学生在初中四年的职业体验活动中可以逐步完成争章任务,最终申请"职业体验"的荣誉证书。学校对学生的相关活动进行及时评价和跟踪记录,每学期引导学生

---

① 李晓文.学生自我发展之心理学探究[M].北京:教育科学出版社,2001.

完成综合素质评价的典型事例撰写,最终形成自我介绍报告,体现个体成长的连续性和发展性。

（二）证书评价内容

我校始终坚持"人格健全,学力坚实"的培养目标,坚持以提升师生自我发展的能力——"学力"为突破口。我们将"学力"分解为学会学习、善于合作、勇于创新三个具体目标。围绕职业体验活动,职业体验证书的评价主要从以下内容展开。

1. 活动态度

学生在参与职业体验活动的过程中是否具有主动性和积极性,学习态度和活动参与度都是评估的基本内容。

2. 合作精神

职业体验活动多以小组的形式开展,学生在活动中的合作态度、人际互动方式、组长与组员的角色担当等都是评估的重要内容。

3. 学习能力

终身学习更强调个体的学习能力和探究能力,职业体验活动通过观察学生在提出问题、分析问题、解决问题等过程中的表现及其对探究成果的汇报表现进行相关能力评估。

（三）证书设计项目

结合学校的课程体系和特色活动,我们将职业体验活动分为活动体验、岗位服务和项目探究三个板块,学生完成一项活动即可获得一个对应奖章,获得相应数量的奖章后可以申请职业体验证书。职业体验证书包含的争章名称、相应活动内容和争章方式见表8-1所示。

表8-1 职业体验证书争章项目

活动板块	活动项目	争章名称	争章方式
活动体验	职业生涯课程、职业场所参观、职业人采访、职业体验活动	活动小达人	完成一门课程学习,完成一次完整的活动
岗位服务	校园服务岗、校外志愿服务	服务小达人	完成一学期的服务任务
项目探究	科创项目探究、社会调查报告	探究小达人	完成一次完整的探究

学生可以在三个板块的各项活动内容中选择性参与争章。"活动体验"板块中的职业生涯课程分为必修和选修;职业场所参观和体验活动由学校统一组织安排,对应综合素质评价的课时要求,均为必选内容。"岗位服务"板块中的"校园服务岗"轮岗为必选内容,需要在每个学期按要求完成;"校外志愿服务"可以由学生自主选择服务项目,在四年内完成相应服务课时即可。"项目探究"板块,学生可以在科创项目和社

会调查中自主选择。这些活动内容均计入综合素质评价,是每个学生综评平台录入信息的有机组成部分。

第二节 职业体验证书的实施策略

职业体验活动与学校的课程体系融合,与德育活动紧密结合,整合校内外多方资源,力求加深学生的职业体验、拓展学生的职业视野、提升学生的职业能力。

职业体验证书的评价与颁发由学校学生综评工作领导小组管理,教导处、德育处具体实施,每学期进行一次争章汇总,每学年进行一次表彰和证书颁发。

一、活动体验注重丰富性

学生想通过职业能力的评估获得职业体验证书,首先需要参加职业生涯教育和课程活动,其次需要通过相应岗位的服务展现个体承担职业任务的能力,有能力的学生还可以通过项目探究展示自己将所学用于生活的创新实践能力。

(一)"活动小达人"争章

我们将职业体验活动融于三类课程中,分为必修和选修,期望学生通过相关课程的学习,学会学习、善于合作、勇于创新,逐步了解职业世界,拓宽眼界,提升未来社会所需的职业能力。学生完成相应课时即可获得相应奖章。"活动小达人"争章的具体活动内容和参与方式见表8-2所示。

表8-2 "活动小达人"争章项目

项目	活动内容	参与方式
职业生涯课程	基础型课程:"未来在手中"职业生涯活动课	必修
	拓展型课程:课本剧、校园创业大亨	选修
	探究型课程:未来问题解决、STEM课程、人工智能	选修
职业人采访	采访身边的职业人	必修
职业场所参观	盒马鲜生、上海电信局等	必修
职业体验活动	VR虚拟现实技术、服装设计、机械工程生产等	必修

1. 职业生涯课程

"未来在手中"职业生涯活动课是学校心理活动课的重要内容。课程旨在通过一个学期的活动引导学生从多角度观察自己和职业世界,在悦纳自己的同时,以未来的眼光观察职业世界,尝试预测职业发展前景,勇于面对不确定性,为自己将来进入社会做好心理准备。"课本剧"是结合整本书阅读、剧本编写和戏剧表演的拓展型课程,学生在练习朗诵、学习表演的过程中,逐渐成长为善于在聚光灯下自信表达的复合型人才。"校园创业大亨"带领学生组成创业团队,开发产品、寻找投资和销售渠道,全流程体验创业之路,为学生开启进入金融领域的大门。"未来问题解决"引导学生进入社区发现问题、分析问题、解决问题,促使学生在解决真实情境问题的过程中培养系统思维的能力和社会责任感。"STEM 课程"和"人工智能"则突破单一学科课本知识的限制,鼓励学生发挥无限创意,将知识、技能与新兴技术进行结合,解决实际生活问题。在这些课程的学习过程中,学生能进一步体验竞争与合作的关系,提升思维与表达的能力,培养进入职业世界的自信心。未来我们还将继续寻找合适的课程资源,引入更多优质的师资力量,为学生开设多元化的职业生涯课程。

2. 职业体验活动

"职业人采访"是每个学生都要参加的活动。学生以采访身边的家人为主。本活动希望学生深入了解某一个行业和职业岗位,同时在共享交流中通过他人的视角了解更多职业领域。考虑到学生个人资源的有限性,学校在每学期组织学生统一参加职业场所参观和职业体验活动时,尽量引入学生接触机会较少、发展潜力较大的行业领域,为学生接触新兴科技、放眼未来创设条件。

（二）"服务小达人"争章

从终身教育的观点看,职业生涯教育是终身教育体系的组成部分。人的发展问题不是普通教育能够单独解决的,无论何种形式的教育,最终都要与社会相衔接。因此,我们将以往的志愿服务项目与学校周边的社区资源进行整合,拟定了"校园服务岗"和"校外志愿服务"两个方向,学生可以根据自己的时间安排,每学期进行相应的服务体验,通过行动收获"服务小达人"奖章。"服务小达人"争章的具体活动内容与参与方式见表 8-3 所示。

表 8-3 "服务小达人"争章项目

项目	活动内容	参与方式
校园服务岗	校园每周执勤轮岗、校园公共空间清扫轮岗	必修
	校园大型活动志愿服务	选修
校外志愿服务	老年福利院服务、虹口图书馆志愿服务	选修

"校园服务岗"除了每周执勤轮岗、包干区清扫轮岗、垃圾分类管理、光盘行动管

理等,学校每次举行大型校园活动和对外开放活动的,学生也会在其中承担引导、礼仪、会务等多种岗位服务。"校外志愿服务"目前主要包括老年福利院服务和虹口图书馆志愿服务,学生可以根据自己的安排选择相对集中或分散的服务时间,在四年内完成相应服务课时。

（三）"探究小达人"争章

探究项目分为科技创新类和社会调查类,学生可以自主选择其中一个或两个都参与,可以个人独自完成,也可以以小组合作的形式完成相应探究任务。探究成果通过研究报告、创新作品的形式进行展示汇报,有能力的学生可以将相关研究成果申报各级各类评选比赛。"探究小达人"争章的具体活动内容和参与方式见表8-4所示。

表8-4　"探究小达人"争章项目

项目	活动内容	参与方式
科创项目探究	科技类创新项目探究	选修
社会调查报告	社会科学类调查探究	选修

探究成果在一定范围内进行汇报、交流、展示,通过自评、互评和师评进行评价,优秀作品可以参与相应的各级各类比赛。最终根据过程性评价和比赛结果,学生可以获得相应奖章。

二、证书申请体现自主性

职业体验证书的颁发每学年进行一次,学生根据自己的争章情况进行相应证书的申请。学生可以根据自己的实际情况和发展需求选择合格证书或优秀证书。根据争章方式,学生每完成一次相应活动和课时要求将获得 1 枚奖章,如果在活动中表现突出,被评为"优秀",则可以获得 2 枚奖章。完成一次项目探究将获得 1 枚奖章,如果参与区级相关比赛获得奖项可以获得 2 枚奖章,参与市级以上比赛获得奖项可以获得 3 枚奖章。集齐 20 枚奖章将获得"职业体验"合格证书,集齐 30 枚以上奖章将获得"职业体验"优秀证书。

三、过程评价凸显发展性

我们认为评价应重视学生的全面、综合表现,评价标准的拟定在一定程度上对学生也有指导性影响。评价标准需要在活动前期,即评价前告知学生,这样才能对活动过程起到指导作用。学生作为评价主体,只有真正参与到评价活动中才能感受到自己承担的责任,在整个过程中充分体验自我价值,从而获得全方位的发展。

（一）活动注重写实性

学生参与职业体验活动时需要进行相应记录,包括活动前的准备、活动过程中的笔记和活动后的反思,这既是对整个体验活动的及时整理,也可以促进个体进行阶段思考,将成长的足迹存档保留。

以"职业场所参观"活动为例。参观前会有相关内容介绍,学生可以初步了解即将参观的职业的特点,形成自己的假设和期待;在参观过程中,通过自主观察、聆听介绍、现场互动等环节验证假设,形成对相关职业的进一步感知;参观后,通过交流分享可以为个体的职业规划提供更多可供参考的信息。职业场所参观的记录内容见案例8-1所示。

案例8-1　职业场所参观——盒马鲜生

企业简介

盒马是阿里巴巴对线下超市完全重构的新零售业态。盒马运用大数据、移动互联、智能物联网、自动化等技术及先进设备,实现人、货、场三者之间的最优化匹配,从供应链、仓储到配送,都有自己的完整物流体系。

观后总结

企业名称:＿＿＿＿＿＿＿＿＿＿＿＿

这个企业或岗位可能需要以下哪些专业技能或个人能力

☐搜集资料　　　☐处理信息　　　☐计算能力　　　☐组织活动

☐团队合作　　　☐书面表达　　　☐表达能力　　　☐外语能力

☐计算机知识　　☐管理能力　　　☐设备操作

其他:＿＿＿＿＿＿＿＿＿＿＿

可能的关联学科和科学技术:＿＿＿＿＿＿＿＿＿＿＿＿＿＿＿＿＿＿＿＿＿＿＿

如果你将来从事相关职业,你认为需要加强学习的专业技能和需要锻炼的个人能力有:＿＿＿＿＿＿＿＿＿＿＿＿＿＿＿＿＿＿＿＿＿＿＿＿＿＿＿＿＿＿＿＿＿＿＿

如果你将来从事相关职业,它会带给你哪些方面的收益?（例如薪酬、就业前景、个人理想）

＿＿＿＿＿＿＿＿＿＿＿＿＿＿＿＿＿＿＿＿＿＿＿＿＿＿＿＿＿＿＿＿＿＿＿＿＿＿

如果你将来从事相关职业,最大的困难在哪里?

＿＿＿＿＿＿＿＿＿＿＿＿＿＿＿＿＿＿＿＿＿＿＿＿＿＿＿＿＿＿＿＿＿＿＿＿＿＿

（二）任务注重真实性

学生在学校面对的问题是相对封闭和单一的,属于良构问题;而进入社会后他们面对的将是变化的、综合的、劣构的问题。因此,职业体验活动的项目内容应来自真实生活,学生可以在解决真实世界问题的过程中获得成长。

相关任务的设计应体现开放性,从而激发学生的求知欲和自行解决问题的主动性。任务可以与日常生活经历相关,可以关注热点新闻事件。在围绕核心任务开展活动的过程中,学生通过主动学习、合作探究,体验从问题明晰化到寻找问题解决方案的全过程,感受学习的意义,增强对学习的兴趣和热情。

以"VR虚拟现实技术"体验活动为例。活动中的任务设置强调与真实世界的关联,学生不是简单地选择答案,而需要在创设的情境中完成相应挑战任务,体现出合作、分析、创造等高阶思维能力的训练。具体活动过程见案例8-2所示。

案例8-2　职业体验活动——VR虚拟现实技术

VR(虚拟现实)技术是新型产业的典型代表之一,本次活动中,学生了解了VR的历史发展和前景、VR技术的实际运用,体验了VR设计的工作,感受到了其中的乐趣,对其产生了初步兴趣。

活动一开始,主讲教师邀请学生进行VR体验。通过实际体验,让学生感受VR的易操作性与场景的真实性,并从体验的过程中总结出VR具有沉浸感、交互、想象等特点。在教师生动的介绍中,学生了解了VR的理论内容与行业的发展现状及未来前景,分享了VR游戏行业的职位以及各个职位所从事的具体工作,并通过师生之间的互动从不同角度探索了VR方向相关的职业。

有了基本知识的了解,学生以小组为单位尝试设计VR场景运用的项目方案。在教师的指导下,学生通过组内讨论、分享灵感、确定主题,小组共同完成项目方案的设计。学生将VR技术运用于餐饮、购物、沙盘游戏和医学等领域。

在路演环节,各小组分别用3分钟时间汇报了自己的项目方案,教师进行了客观的评价,同时提出修改建议,学生在此环节对VR技术的场景运用有了更深入的了解,对VR相关职业的兴趣愈发浓厚。

经过自评、互评、师评等环节,合作小组获得"合格"或"优秀"的评价结果,并可以申请相应奖章。

(三) 评估体现发展性

为了促进学生关注自己在活动中的实际状态和发展潜力,从评价"知道什么"到"能做什么",我们确立了细化的评价标准,从学习态度、知识结构、合作沟通和思维水平四个维度展开。

"学习态度"维度,主要考量学生的出勤率和各项活动的参与率,不同活动的衡量标准基本一致。"知识结构"维度,考量的是个体在参与活动的不同阶段对相关知识的掌握程度,包括理论的掌握、技能的运用和成果的呈现等。"合作沟通"维度主要考量学生在小组合作过程中的表现,从"无法与同伴合作",到"能合作但任务完成有不顺",再到"乐于合作,承担责任",逐级体现与人合作的能力。"思维水平"更多考量相关知识的学科特点,主要从作品或成果看个体展现出来的知识和能力水平。

以"课本剧"为例,学生在学习课本剧表演专业技能的基础上,参与了虹口图书馆阅读节的系列活动,登上开幕式、闭幕式的舞台,体验演员、导演、剧本编剧、舞台监制等一系列职业岗位。我们针对学生参与表演和创作的过程,拟定了相应的评价记录表。"课本剧"课程的学生评价记录表的具体内容见案例 8-3 所示。

案例 8-3　职业生涯课程——课本剧

	学习态度	知识结构	合作沟通	思维水平
☆	能参与学习活动,但缺勤情况较多;偶尔在活动中提出自己的设想;不能完成每一次作品。	对学习活动中涉及的知识内容只能基本掌握;表演具有一定合理性。	经常不能及时完成自己承担的任务;和同伴合作存在问题,导致演出作品未能按时完成。	在演出作品的表演中,只出现了少数表演技巧;作品表演表现力不强。
☆☆	能参与学习活动,偶尔缺勤;经常在学习活动中提出自己的设想;能完成每一次任务,但不是每一次都能按时完成。	能掌握大部分学习活动中涉及的知识内容;完成的表演基本达到预期效果。	基本能完成承担的任务,但需要同伴的协助;能和同伴沟通交流,但存在演出作品不能及时完成的情况。	能将部分掌握的表演技巧运用到作品的呈现中;能基本展示出作品中人物的情感态度。
☆☆☆	能积极参与每一次学习活动;每次活动都能提出自己的设想;能按时完成剧本或演出。	能完全掌握学习活动中涉及的知识点,并有所拓展;完成的表演不但达到了预期的效果,而且还有鲜明特色。	努力完成自己承担的任务;乐于合作,能和同伴积极沟通交流,不影响作品的完成时效。	能将掌握的技巧合理有效地运用到作品的表演中;演出过程中能清晰恰当地体现人物的情感和态度,以及作品的主题等。

在实施评价的过程中,不仅有教师对学生的过程性评估,也有学生的自评和互评,做到过程性评价和结果性评价相结合,静态评价和动态评价相结合。

（四）评优彰显独特性

学生参与职业体验活动,不仅会收到个性化评价,也会进行优秀评选,获得"优秀"等第的学生可以获得更多奖章。评选的方式根据每项活动的特点,力求凸显学生的个性与特长。"活动小达人"板块,主要围绕相应课程和活动的主题内容进行评选。"服务小达人"板块,以学生在相应岗位服务过程中的表现进行综合评选,除了自评、互评和师评外,所服务部门的观察与评价也占有一定比例。"探究小达人"板块,学生的探究项目成果可以参与相关科技创新大赛,根据相应奖项获取评优资格,拥有更多争章机会。

以"课本剧"课程为例。结合戏剧表演的特色,学校设计了"五中奥斯卡"评选舞台,全校师生共同参与剧本评选和剧目展演的评选。设立"优秀编剧奖""最佳编剧奖""荣誉编剧奖""突出表演贡献奖"等奖项,学生在角逐各类奖项时热情高涨。案例8-4呈现了一段"五中奥斯卡"评选过程中"最佳演员"的角逐故事。

案例8-4 "五中奥斯卡"奖项角逐

2019年,学生排演的三出课本剧在全校展演,这也是"五中奥斯卡"最佳演员的评选舞台,全校师生共同参与本年度的最佳演员评选。三出剧目中的主角成为学生争相角逐的目标。然而,结局令人意外,本年度的最佳演员竟然是课本剧《橘逾淮为枳》中过场人物"囚犯"的表演者——李同学。

他的获奖原因是:他充分表现出囚犯的慌张无助以及强烈的求生欲。主角们的紧张、拘谨往往使观众出戏,李同学一上场就以他灵巧的肢体语言和一句惨烈的"我是被冤枉的!"牢牢地抓住了观众的视线。

一出剧目,角色虽分大小和主次,但表演能力却不因角色,而是因表演者而异。

四、证书颁发注重仪式感

职业体验证书的颁发仪式在每学年的结业典礼上举行,作为颁奖典礼的重要组成部分,它具有隆重的仪式感。

颁发仪式上,校领导宣读本学年获得职业体验优秀证书的学生名单,同时为成功申请职业体验优秀、职业体验合格证书的学生颁发个人证书,表彰其在职业体验系列活动中的出色表现。

第三节 职业体验证书的实施成效

职业体验证书不是为了评出学生的优劣,更多是期望尊重学生的个体差异,促进学生的主体发展,反映每个学生的实际能力。职业体验证书机制的实践与运行取得了一定成效,我们将在不断反思中继续优化。

一、实践取得的成效

在职业体验证书评价机制的实施过程中,学生的主体性得到充分体现,个体参与职业体验、关注社会活动的积极性和主动性进一步提升。

（一）评价优化自我认知

职业体验活动中的全程性评价,促使个体可以基于自评、互评和他评这些数据的对比,形成相对客观的自我认知,在体验活动中看到更多细节,更为全面地发现自己身上的特点,提出更为具体、可操作的改进策略。

根据评价内容,学生对自己在学习能力、合作能力、创新能力等方面的具体表现和水平有了详细而清晰的了解,对自己如何在下一阶段的活动中优化表现产生了新的思考。同时,学生可以通过描述性的评价语言看到自己的变化和成长,初中四年的记录都将成为个人的成长档案记录。

（二）体验促进社会参与

学生缺乏学习热情往往是因为不知道自己为什么学习,不明确所学知识与自己生活的联系。职业体验活动促使学生接触现实社会领域,学生在岗位服务、项目探究的过程中积极将所学运用于实际生活,看到学科知识的价值,感受到自己学习的意义。

在进行项目探究的过程中,学生尝试使用思维工具,通过寻找潜在问题、清晰描述问题、建立要解决的目标、生成可选择的解决问题的想法、列出行动计划并实施行动等一系列步骤,提升批判性思维和创造性思维,实现个体问题解决能力的培养。职业体验活动促使学生关注社会、参与社会、融入社会,真正将所学用于社会,提升了学生的社会参与度,培养了学生的主体责任感和社会价值感。

（三）探究激发挑战动力

在参与相关课程学习的基础上,学生开展项目探究的积极性得到激发,创新成果参与各级各类比赛取得了不错的成绩。

1. 科创项目探究

得益于相关课程学习和活动体验,学生的眼界更开阔了,思维更活跃了,当一个个难题被解决、一次次挑战被突破时,学生个体的自信心也不断得到提升。

我校学生在环球自然日上海赛中荣获 1 个一等奖、3 个二等奖和 4 个三等奖;在第六届上海市创客新星大赛中荣获 1 个一等奖、2 个二等奖和 1 个三等奖;在第 35 届上海市青少年科技创新大赛中荣获 1 个二等奖和 1 个三等奖;有 5 人入围上海市青少年科技夏令营;在第 11 届赛复创智杯青少年科技创意评选活动中荣获 1 个二等奖;在第 17 届上海未来工程师大赛中荣获 3 个三等奖;在上海市青少年 DI 创新思维竞赛活动中荣获 1 个二等奖,并成功入围全国赛。

其中,"基于 OpenCV 的汉字书法评分系统的算法研究与实现"荣获第 35 届上海市青少年科技创新大赛二等奖,并参加了第八届中国(上海)国际技术进出口交易会上海市青少年科技发明成果展。黄哲晨、朱予晴、吴欣怡和钱竹玉同学先后获得上海市青少年科学研究院"小研究员"称号,吴欣怡还参与了上海市教育电视台"小研究员讲科普"节目的录制。

2. 社会调查报告

科创注重理科思维,而社会调查则更凸显人文精神,学生在探究过程中不仅提升了学习能力,人际交往能力也得到进一步优化。

陈蕴溪、李宜临等 8 位学生在 2019—2020 年上海市青少年未来问题解决竞赛中荣获团队一等奖。多个小组参与虹口区"彩虹杯"初中生研究性学习成果评选,其中朱予晴等同学的《居民小区电动车停放及充电情况调查》及石昕玥等同学的《社区问题解决之小区停车难》荣获二等奖,陈蕴溪等同学的《关于小区居民带狗乘坐电梯问题的调查研究》荣获三等奖。

二、实践引发的反思

职业体验证书评价的实施在实践过程中也出现了一些值得关注的问题,需要我们进一步研究和思考。

(一)感性应重于理性

目前的职业体验活动,过于看重过程性资料的收集和整理,学生需要记录的内容较多,这可能在一定程度上导致个体将关注点集中于理性思考,忽略了活动过程的情感体验。在今后的实践中可以逐步加强情感体验方面的呈现与交流,促使活动引发的思考更深入、更有效。

(二)灵活应优于规范

初中生的项目探究更应关注的是如何提高学生参与探究活动的积极性,因为对初中生而言,在学习科学研究方法的同时亲身实践体验的过程本身更有意义。目前的项目探究要求学生运用一定的研究方法,过于看重工具的使用,可能挫伤个体对探究问题本身的兴趣,而且过于看重资料的收集,忽略了探究活动本身的丰富性和教育性。今后可以在一定程度上增加探究活动过程中的自主性和灵活性,允许学生运用多种探究方式和展现形式进行体验,允许出现失败与放弃,这些都将是个体成长的思考点和发展助力。

(三)教育应先于管理

综合素质评价更多指向责任感、创新精神和实践能力等方面的培养,目前的职业体验活动更多带有预设性,这在一定程度上限制了学生的思维,管理规范的同时忽略了个体的创新性。后续可以考虑将学生引入活动的设计环节,更大限度地发挥学生的自主性,使职业体验活动真正成为学生的热情所向。学生参与职业体验活动设计、实践、评价、总结的全过程,更能凸显活动本身的教育意义。

第九章 基于社会实践证评价实施的研究

为了进一步落实立德树人根本任务,助推"以评价促进学生发展"理念,上海市通河中学以"知行课堂"为载体,以"争章活动"为支撑,开展基于社会实践证评价实施的研究。学校注重在认识和实践关系上形成"知中有行,行中有知"的通融,深化社会实践的内涵建设,积极探索评价指标体系构建,建立学生社会实践证的实施机制,在促进评价内容和评价策略的转变中形成一定的经验和反思,进一步深化学校育人方式的变革,落实学生实践能力与创新素养的培养。

第一节 社会实践证评价实施的背景意义

上海市教委在《关于进一步落实中小学生社会实践工作的若干意见》中指出,要按照实践育人的要求,进一步加强中小学生社会实践工作,注重知行统一,注重实践体验,丰富学生的学习经历,帮助他们认识社会,培养良好的道德品质和道德行为,增强创新意识和社会适应能力,增强社会责任感和使命感。

社会实践活动作为中小学开展素质教育的重要载体和手段越来越受到学校的重视,在学校德育和人才培养中发挥着不可替代的特殊作用。随着各级各类社会实践的推进深化,我们认为学校有必要加强对学生开展社会实践的评价研究。

一、基于推进教育现代化的基本理念

《中国教育现代化 2035》提出了推进教育现代化的八大基本理念:更加注重以德为先,更加注重全面发展,更加注重面向人人,更加注重终身学习,更加注重因材施教,更加注重知行合一,更加注重融合发展,更加注重共建共享。我们研读基本理念,发现"因材

施教""知行合一"这两个"中国化""微观性"的理念出现在《中国教育现代化2035》的文件中,表达了国家将宏观战略落到实处的决心,强调"学以致用",注重理论与实践的结合。

二、基于攻关基地教育评价研究的需要

2018年底,笔者参加了第四期上海市"普教系统名校长名师培养工程",成为刘爱国攻关基地的一员。所谓攻关,指攻打关口,比喻努力突破科学、技术等方面的难点。攻关基地开班之际,导师刘校长开宗明义,强调基地的攻关任务就是围绕新中的专项证书,形成推进上海教育综合改革、突破学生综合素质评价的学校方案和实践样式,从而促进新中高级中学、基地成员学校以及学员的共同发展。

教育评价慎重而敏感,往往"牵一发而动全身",因而在课题研究中,人们往往选择避开这一焦点,即便涉及评价也常是泛泛而谈。攻关基地在导师的带领下主动挺进教育改革的深水区,这种"啃硬骨头"的精神激励并鞭策着笔者。笔者认真研读有关专项证书制度的资料,结合学校实际,开展社会实践证评价的相关研究,以期通过社会实践证评价的研究,以点带面,以评价为载体促进学校内涵发展,也为学生综合素质评价提供来自普通高中学校一线的校本化实施案例。

三、基于宝山区教育特色实施的需要

宝山区积极打造"陶行知教育创新发展区",陶行知教育思想是宝山教育之魂,"学陶师陶"不仅是宝山教育发展的主要标志和鲜明特色,也是宝山教育综合改革的思想源泉和不竭动力。宝山教育充分利用这一教育资源,探索、建立社会资源和课程资源的整合机制,着力推进学校社会实践活动的有效开展,其中"生活德育课题"取得了较好的成效,通河中学是"生活辅导"项目学校。秉持教育大区的传统特色,我校"更加注重知行合一",强调认识和实践的关系。"知",主要指人的道德意识和思想意念。"行",主要指人的道德践履和实际行动。因此,知和行的关系,也就是指道德意识和道德践履的关系。知中有行,行中有知。与行相分离的知,不是真知,而是妄想;与知相分离的行,不是笃行,而是冥行。

学校在社会实践证内涵指标体系的构筑过程中进一步贯彻陶行知教育思想,整合优质教育教学资源,积极建立机制,挖掘和开发社会实践情境、真实生动的现场,注重解决实际问题,帮助学生获得丰富体验,助推学生参与社会、践行人生。我们通过实施社会实践证评价,倡导一种实践型、体验型的学习方式,促进实践性活动的有效发生,培养学生有效、得体地应对综合性、开放性和挑战性的具体真实情境的能力,增强学生对社会和生活的理解。

四、基于践行学校办学理念的需要

我校"多元发展,健康成长"办学理念的着力点在于培养和塑造学生的"理想信念""公民素养"和"人格健全",帮助他们完善知识储备、具备学习能力,最终成长为拥有"健康体魄"和"良好生活"的健康人。我们认为丰富的社会实践将会成为学生了解社会、了解自身、确立人生理想的契机,也能为学生生涯规划提供依据,培养学生服务大众、服务社会、服务国家的意识,从而增强新时期高中德育的针对性和实效性。

在"双新"实施推进的当下,我校正在积极创建宝山区"双新"示范校,这一奋斗目标对学校德育工作提出了更高的要求,我们在深入思考如何设计内容丰富、形式多样的社会实践活动,实现课程回归生活,探索一条具有实效性和系统性的高中德育道路,寻找一条适合新时代特点的德育新途径。为此,学校明确提出以"知行课堂"和"争章"活动为典型载体,建立学生社会实践的运行机制,推行社会实践证实施评价。

五、基于学生生涯发展的需要

根据《上海高考综合改革方案》,2017年起积极稳妥推进高中学生综合素质评价信息在高考人才选拔中的使用,学生社会实践活动计入高中学生综合素质评价系统。面对新高考改革"3+3"模式,学校在高二、高三年级实施走班教学。推行"选课走班"以来,我们发现学生选课存在一定的盲目性和随意性。学校、家长、学生三者之间对"选课"存在三大差异:一是学校教育教学资源和学生个性化发展之间存在差距;二是家长的期盼与孩子的兴趣志向之间存在差异;三是学生现状和自我评估之间存在差别。这一现状亟须学校在学生生涯发展指导上施力,提升他们的生涯规划能力。为此我校开展了适切职业体验课程的"知行课堂",以之为载体实施社会实践证评价,呼应高中学生的实际需求。

基于以上背景,通河中学提出了社会实践证书,以"知行课堂"为载体,以"争章"活动为支撑,开展基于社会实践证评价实施的研究。这是一项系统工程,是深化社会实践内涵建设的积极行动,是评价指标体系和实施机制架构的整体思考,也是促进评价内容和评价方式不断优化的调适转变。在实践和理论的研究中,不断推进学校育人方式变革和学生实践能力、创新素养的培育。

第二节 社会实践证评价实施的实践探索

在社会实践证评价实施前期,我们明确了评价目标,制定评价原则,架构评价内容,形成社会实践证"六章"的评价指标和操作方法,即军训章、躬耕章、捐赠章、志愿服务章、职业体验章、研学旅行章。在推进过程中,我们注重科学性和调适性,开展个案追踪的描述评价,寻求群体记录的增值评价,坚持成长导向的过程评价。学生全程参与并完成"六章"的要求,经德育处考核,认定为合格,统一在"知行护照"上录入"六章",颁发社会实践证。

一、社会实践证的评价目标

(一) 以评促改进

从教改推进层面看,抓住当下改革中"评价"这一关键问题,以"社会实践证"作为一个重要维度,呼应办学理念、办学特色和培养目标,立足校情、师情、生情,依据学生发展状况和学校特色,挖掘区内外可用的社会资源,持续开展各类典型的社会实践活动,推进评价原则、内容、过程和方式的研究,开发学校专项证书的操作办法、实施路径等,尤其在改进结果评价、强化过程评价、探索增值评价、健全综合评价四个方面施力,力求评价有内容、有标准、有颁发。我校不断完善路径,优化策略,提炼经验,总结反思,力求为高中学生综合素质评价提供来自一线的校本化实施经验。

(二) 以评促实施

从"双新"实施层面看,我们落实"双新"理念,突破时间和空间的限制,构筑"知行课堂",成为"学以致用"的载体,在改善学习内容和学习方式的过程中,促进学生全面而有个性地发展。学生在行走和观览过程中进行的访谈、调查、讨论等实践学习和体验,将形成动态的、立体的探究和学习,收获重要的人生经历,培养必备知识和关键能力,提升思维品质,最终实现生命发展和个性成长。社会实践证评价实施的路径以"知行课堂"为例,以评价反过来促进课程的开发、创生、实施和落地,可以为同类学校提供可资借鉴的典型案例。

(三) 以评促发展

从学生培养层面看,实施社会实践证评价,围绕"沟通互动、自主行动、社会参与"目标,拓宽德育途径,树立正确的情感、态度、价值观和健全的人格,提高学生的自尊、自觉、自信以及适应能力和自理能力,培育学生的家国情怀和社会责任感,不断提升学生的综合素养,使他们成为与经济社会发展相适应的,具有国际视野、研究能力和创新精神的人,为学生的终身发展奠定基础。

二、社会实践证的评价原则

评价是检验学生参与社会实践是否取得预设效果的标准,因此学校在评价内容和评价实施上坚持一定的原则,有利于提升评价的有效性和可操作性。无论是单个指标,还是整体架构,设计及实施都应遵循科学性、系统性、典型性和多样性等原则。

(一) 科学性原则

各指标体系的设计及评价指标的选择以科学性为原则,能客观真实地反映上海普通高中学生社会实践的重要特点和状况,能客观和全面地反映出各指标之间的相互关系。我们以分阶段的方式建构评价内容体系,具体分为三个阶段。第一是准备阶段,主要包括方案制定、资金保障、团队构成等内容;第二是实践阶段,主要包括实践项目执行、团队合作、实践记录等内容;第三是总结阶段,主要包括实践总结、实践展示、效果反馈等内容。

(二) 系统性原则

各指标之间遵循一定的逻辑,从不同的侧面反映出生活实践、"知行课堂"、"争章"活动各系统和子系统的主要特征和状态,以及它们之间的内在联系。

(三) 典型性原则

确保评价指标具有一定的典型代表性,尽可能准确反映出"军训""躬耕""捐赠""志愿服务""职业体验""研学旅行"等典型社会实践的综合特征,并考虑便于数据计算和提高结果的可靠性。

(四) 多样性原则

注重评价方式的多样性,既有学生自我评价,又有教师和其他主体参与的评价,如同伴评价、小组评价等;既有整体性评价,也有特色化及阶段性评价;既有定量评价,也有定性评价。

三、社会实践证的评价内容

(一) 社会实践证评价内容的图谱设计和架构说明

学校构建社会实践证指标体系,以"知行课堂"为载体,旨在从不同的侧面反映"社会实践"主系统和"争六章"子系统的主要特征和状态,构建具体评价指标内容,发展具体评价内容的内涵,进一步优化社会实践、"知行课堂"、"争章"活动这三者之间的逻辑联系,将它们勾连成一个整体,使其成为社会实践证评价实施研究的核心内容。我们认为"知行课堂"是经典的社会实践生活的浓缩,以"知行课堂"为载体,可以推进社会实践证评价的实施。争章活动基于知行课程评价开展,以它为支撑,可以有力撬动社会实践证评价的实施落地。基于以上认识和逻辑梳理,我们构建社会实践证评价实施的内容体系如下。

1. 以"知行课堂"为载体,构建社会实践证评价内容

社会实践证评价实施的主体内容包含以下若干维度和具体实际活动,即走出校园,走入社区,走进场馆,走上岗位,走访名城,走近名人,通过评价反映这些实践过程中学生在知识技能、过程方法以及情感态度与价值观等培养目标上的情况和成效。

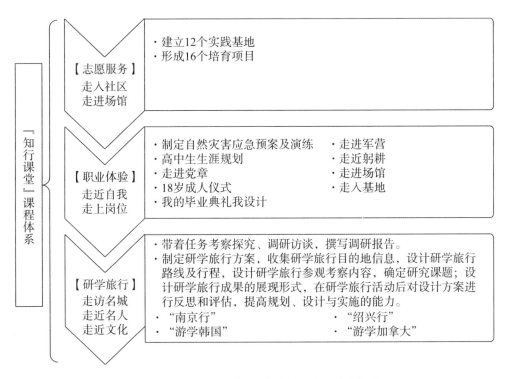

图9-1 "知行课堂"课程内容的图谱设计和架构

2. 以"六章活动"为支撑,构建社会实践证评价指标

基于"知行课堂"内容的清晰化,聚焦"六章"实施评价的典型性和可操作性强,可以有力撬动社会实践证评价的实施落地。整体设计和实施社会实践证的评价,贯通年段跟踪推进,记录学生在高中阶段的能力训练、问题解决、人际互动和社会参与的成长轨迹。学校综合学生参与社会实践的体验和成效,营造学生在活动和体验中"争章"

的良好氛围,对全部完成"军训""躬耕""捐赠""志愿服务""职业体验""研学旅行"六章及其下设的具体项目和内容的学生,予以颁发"社会实践证"。证书上记录学生六个方面学习实践活动的等第,分设优秀和合格两项。其中"军训""躬耕""职业体验"的等第评定由学校德育处实施管理。"军训""躬耕""研学旅行"分别在高一和高二年级完成,"职业体验"在高三年级完成。"捐赠""志愿服务"的等第评定由学校团委实施管理,三个年级段每年实施一次。

图9-2　社会实践证"六章"评价内容

尤其在拓展"志愿服务"和"职业体验"两章的内容上,学校以"面上开拓、点上深入"为策略。既有志愿服务类,如仁和医院导医、银行窗口服务、养老院志愿服务;也有社会治理类,如居委工作、环境卫生整治、交通文明岗、玻璃博物馆场馆管理员;还有专业技能类,如检察院书记员、医生随访跟岗、邮件分派递送、幼稚园小先生、青少年科学创新实践等。

(二)"六章"评价指标体系的构建

我们所聚焦的"六章",有其典型性和可操作性。具体表现如下:一是"军训""躬耕""志愿服务""职业体验"四章,更多指向回应高中学生综合素质评价改革,与之同频共振,探索适切的校本化路径;二是"捐赠""研学旅行"两章,更多指向传承学校多年的文化积淀和实践经验,在发扬和完善中彰显办学特色,体现学校育人宗旨和情怀。

基于"学生发展核心素养是一个体系,其作用具有整合性"的宗旨,围绕综评改革和学校文化两个重要维度凸显"六章"实施评价,实际上是综合指向学生的自主发展和社会参与维度,培养责任担当、坚毅意志和自理自律的品质,提升劳动意识、问题解决和技术运用的素养,以及提倡基于得体的互动交流合作的乐学善学、勤于反思,最终提升国家认同和国际理解的格局,让学生置身于真实现场中,获得全方位的历练。

1. 军训章

表 9－1　军训章评价指标

社会实践证书——军训章评价	
姓名(　　　)	班级(　　　)
评价指标	全程参与并完成打"√"
1. 列队训练	
2. 内务整理	
3. 宣传板报	
4. 成果汇报	
5. 学习讲座	
6. 军训小结	
注: 　(1) 全程参与并完成军训实践基地全部课程的同学,考核为"合格"。 　(2) 以基地评比为准,获得"优秀营员"和"优秀营队"的同学,考核为"优秀"。 　(3) 高一军训结束由德育处组织年级组,以班级为单位,统一在"知行护照"上录入军训章,作为颁发社会实践证的必要条件。 　(4) 相关过程证明资料、照片、视频等由班主任收齐统一收入学生成长档案。	

2. 躬耕章

表 9－2　躬耕章评价指标

社会实践证书——躬耕章评价	
姓名(　　　)	班级(　　　)
评价指标	全程参与并完成打"√"
1. 农耕劳作	
2. 内务整理	
3. 宣传板报	
4. 成果汇报	
5. 学习讲座	
6. 学农小结	
注: 　(1) 全程参与并完成学农实践基地全部课程的同学,考核为"合格"。 　(2) 以基地评比为准,获得"优秀学员"和"优秀团队"的同学,考核为"优秀"。 　(3) 高二学农结束由德育处组织年级组,以班级为单位,统一在"知行护照"上录入躬耕章,作为颁发社会实践证的必要条件。 　(4) 相关过程证明资料、照片、视频等由班主任收齐统一收入学生个人成长档案。	

3. 捐赠章

表9-3　捐赠章评价指标

社会实践证书——捐赠章评价	
姓名（　　）	班级（　　）
评价指标	全程参与并完成打"√"
1. 高一捐赠活动	
2. 高一义卖活动	
3. 高二捐赠活动	
4. 高二义卖活动	
5. 高三捐赠活动	
6. 高三义卖活动	

注：
（1）三年中参与一次学校组织的义卖或捐赠活动的同学，考核为"合格"。
（2）三年中参与三次及以上学校组织的义卖或捐赠活动的同学，考核为"优秀"。
（3）高三最后一次捐赠和义卖活动结束，由德育处、团委组织年级组，以班级为单位，统一在"知行护照"上录入捐赠章，作为颁发社会实践证的必要条件。
（4）相关过程证明资料、照片、视频等由班主任收齐统一收入学生个人成长档案。

4. 志愿服务章

表9-4　志愿服务章评价指标

社会实践证书——志愿服务章评价	
姓名（　　）	班级（　　）
评价指标	全程参与并完成打"√"
1. 参与社区或场馆的志愿服务活动	
2. 完成社区或场馆的志愿服务要求	
3. 修满志愿服务课时	
4. 志愿服务个人小结	

注：
（1）全程修完志愿服务全部学时的同学，考核为"合格"。
（2）以志愿服务基地评比为准，获得"优秀志愿服务者"和"优秀志愿服务队"的同学，考核为"优秀"。
（3）高三综评录入前，由德育处、团委组织年级组，以班级为单位，统一在"知行护照"上录入志愿服务章，作为颁发社会实践证的必要条件。
（4）相关过程证明资料、照片、视频等由班主任收齐统一收入学生个人成长档案。

5. 职业体验章

表 9 - 5　职业体验章评价指标

社会实践证书——职业体验章评价	
姓名(　　　)	班级(　　　)
评价指标	全程参与并完成打"√"
1. 个人生涯规划方案	
2. 具体岗位实践锻炼	
3. 参与 18 岁成人仪式	
4. 职业体验小结	
注: （1）全程参与并完成职业体验基地主要课程,考核为"合格"。 （2）以不同体验基地的反馈和评价为准,获得"优秀值岗者"和"优秀值岗队"的同学,考核为"优秀"。 （3）高三综评录入前,由德育处、团委组织年级组,以班级为单位,统一在"知行护照"上录入职业体验章,作为颁发社会实践证的必要条件。 （4）相关过程证明资料、照片、视频等由班主任收齐统一收入学生个人成长档案。	

6. 研学旅行章

表 9 - 6　研学旅行章评价指标

社会实践证书——研学旅行章评价 1	
姓名(　　　)	班级(　　　)
评价指标	全程参与并完成打"√"
1. 一次红色之旅	
2. 一次博物馆之行	
3. 一次文化名城之行	
4. 一份研学旅行调研报告	
5. 一份研学旅行文化笔记	
6. 一份研学旅行学习心得	
7. 一次成果展示汇报	
注:全程参与并完成研学旅行以上 7 项内容的同学,考核为"合格"。	

社会实践证书——研学旅行章评价 2		
姓名(　　)	班级(　　)	
评价指标	在相应等第中打"√"	
	优秀	合格
1. 一份研学旅行调研报告		
2. 一份研学旅行文化笔记		
3. 一份研学旅行学习心得		
4. 一次成果展示汇报		

注:

（1）组建评价小组,聚焦研学旅行 7 项内容中的调研报告、访谈记录、学习心得、展示汇报 4 项开展评比,获得 2 次及以上"优秀"的同学,考核为"优秀",占比 20%。

（2）高三综评录入前,由德育处、团委组织年级组,以班级为单位,统一在"知行护照"上录入研学旅行章,作为颁发社会实践证的必要条件。

（3）相关过程证明资料、照片、视频等由班主任收齐统一收入学生个人成长档案。

四、社会实践证的评价过程及策略

（一）社会实践证的评价过程

1. 推进社会实践证评价实施,遵循"科学性"原则

在新高考背景下,为了切合综合素质评价的要求,社会实践和志愿服务的参与对象、实践时间、活动内容、记录形式和发挥的功效都发生了较大的变化,成为一个全新的课题。为此我们结合校情、生情制定了分年级实施的策略。我们通盘考虑、制定规程、明确要求,切实做到"活动有方案,行前有备案,应急有预案"。例如,我们对《研学方案》中从出发的"最初一公里"、过程执行的"每一公里"、结束前的"最后一公里"的所有细节进行斟酌推敲。"最初一公里"包括出发说明、研学纪律、礼仪教育、责任分

工等方面;过程中的"每一公里"既包括严格实施既定方案,也包括根据实际及时调整和完善既有方案;"最后一公里"包括安全返程和评估总结等。

在实施中我们关注项目引领,制定更为明确的项目分工职责要求。每个班级根据实践基地的具体情况自行申报方案,主要包括项目目标、项目组成员、实施流程、保障措施等方面。具体操作时,我们注重三个结合:一是平时和假期相结合,平时指高中三年排入课表的课时,假期指高一高二的寒暑假;二是集中与分散相结合,集中是指学校统一组织安排,分散是指班级统一组织全班活动或以小组为单位分散活动;三是定期与不定期相结合。推进过程中,经过申报、实施、反馈、总结、表彰和展示交流等一系列环节,学生在实践中逐步探索并形成研究性课题,从而把单纯的社会实践活动与高中生的学科素养有机结合,整体推进,使学生从书本中、课堂上学到的知识在实践中得到印证并获得升华。

2. 推进社会实践证评价实施,形成"调适性"策略

教育是成就未来的事业,现代社会对人才的要求日益多样化,个性化教育是一种落实以生为本理念的教育模式。学校聚焦社会实践证,结合学生"知行课堂"的德育课程和实践积累,主动调研分析学生个体的家庭情况、兴趣爱好、思维方式、能力态度以及潜力所在等情况,以问题为导向寻找教育策略,形成评价反思机制,在每一个"争章"活动结束后,学校相关管理部门做好得失总结,不断优化评价指标体系和管理流程,提升社会实践内容开发的有效性和典型性以及策略方法实施的可行性,以评引领,帮助学生的成长朝着个性化方向更好地发展。

图 9-3 调适机制推进社会实践证的评价过程

我们以典型学生成长档案为形式,建构典型学生培养的框架,研究通过提升综合素质评价内容项目开发的有效性、策略方法实施的可行性、过程调适操作的合理性等方面,探索推行社会实践证的意义和成效,发现问题和不足,聚焦尊重规律、科学推进的视角,在动态中调适、改进中完善,积极落实"以学生为本"的理念,明晰对"培养什么人"的办学目标的思考和定位,也为"怎样培养人"实施路径的进一步合理开发和效益提升,积累实践智慧和培养案例。学生成长档案见表 9-7 所示。

表9-7 学生成长档案

| 序号 | 学生类别 | 特质描述 | 评估检测 | "社会实践证——我的人生我探索"实践和研究 | | | 成效和问题 | 调适与改进 |
				内容项目	策略方法	推进形式		
1.培养	有兴趣有志向	□个人兴趣 □家庭情况 □能力态度 □学业成绩 □潜力所在 ……						
2.引导	有兴趣无志向	□个人兴趣 □家庭情况 □能力态度 □学业成绩 □潜力所在 ……		1. 军训章 …… 2. 躬耕章 …… 3. 捐赠章 …… 4. 志愿服务章 …… 5. 职业体验章 银行 医院 检察院 邮局 学校 …… 6. 研学旅行章 红色之旅 国际交流 ……	1. 心理教师干预 2. 自我反思报告 3. 同伴影响促进 4. 家校资源整合 5. 励志故事汇编 ……	1. 学生自治 2. 学长制 ……		
3.矫正	无兴趣无方向	□个人兴趣 □家庭情况 □能力态度 □学业成绩 □潜力所在 ……						
	无兴趣有方向	□个人兴趣 □家庭情况 □能力态度 □学业成绩 □潜力所在 ……						
	兴趣与志向矛盾	□个人兴趣 □家庭情况 □能力态度 □学业成绩 □潜力所在 ……						

（二）社会实践证的评价策略

1. 实施个案追踪的描述性评价

我们关注评价多元、开发多主体评价,开展自评、互评、小组评价、教师评价,既强化过程,更注重结果,既有等级评价,又有描述性评价。以2018级小张同学为例,她完整经历了"知行课堂",并在争章中创先争优,实现蜕变成长,交出一份令人满意的且有温度的成绩单。

表9-8　个案追踪的描述评价表

姓名	张＊＊·		年级	2018级
学生类别	有兴趣无志向			
特质描述	张同学在良好的家庭教育氛围下形成了一定的学习习惯,学业成绩优良,也有一定的钻研精神和吃苦精神。她动手能力强,生活中善于观察和思考,也能帮助不同任务组出点子、搞创意,喜欢科技,对数学、物理和计算机的学习有一定的思维和基础,对自己的特长有一定的认识,但是还不知道自己能干什么,没有明确的志向,不知道自己将来要在什么事业和岗位上发光发热。			
参与"知行课堂"相关课程	成效自评 （素养、技能）		教师 综合评语	争章 评价
加拿大研学旅行 （高一）	倒逼自我审视独立生活的能力,尊重东西文化差异和寄宿家庭的生活习惯,锻炼独自和当地人交流的能力,提升了英语口语水平,开拓了国际视野,熟悉了有关加拿大的相关知识和文化习俗,在每个"第一次"中锻炼了社交能力,培养了自理能力,发现了自己的不同潜能,实现了一次自我突破。		社会实践课程为她融入复杂多变的社会做好了心理上的准备、能力上的锤炼和认识格局上的开拓;社会实践课程也给予她在更大的舞台上拼搏的机会,为她成为社会中坚、实现个人价值助力赋能,也为她个人的定位有效导航。	优秀
志愿服务 （高一高二）	体会到"在帮助别人带来莫大的幸福感和自我认同的同时,也承受了不被理解却被认为理所当然的委屈"。尤其是交通执勤和银行的职业体验,颠覆了原先浅薄的误读,有了更加全面客观的认识,形成初步的职业观。			优秀
科创大赛 （高二）	亲历从"选题调研—探索推进—调整实验—撰写论文—应对答辩"等真实环节,眼耳鼻、手脑心并用,步步为营,最终荣获"明日科技之星"称号。			优秀

（续表）

职业体验 （高二高三）	完成职业规划,初步掌握所体验行业的基本素养和相关技能,领悟到"行业分工各异,不分尊卑高低,艰辛不易相同"。		优秀
……	……		……
社会实践证 课程成效	初步确立职业目标:想成为一名科技教师;燃起奋斗信心:有意识地朝着这个目标积攒专业素养和本领,不懈努力。		

　　基于社会实践证评价实施的探索,进一步落实教育回归生活、关注学习经历和学习体验的理念,不断创生高中生涯中的关键事件和典型内容,研学旅行、志愿服务、科创大赛、职业体验等一系列实践活动使小张同学加深了对社会的认知,提升了各种能力,最终在课程徜徉学习中获得的"科创大赛明日之星"如催化剂助推她个性化发展的道路,成为小张同学成长路上走得更快更远的"关键事件",用小张同学的话描述就是"社会实践把深奥的文字语言和道理,以一种更为深刻的方式让人体验、理解和铭记,然后再践行"。

　　2. 探索群体记录的增值评价

　　事实上,像小张这样获得成长的还有一群学生,他们在志愿服务、研学旅行、职业体验、捐赠义卖等"争章"实践课程中出彩。鲜活的数据、生动的情境记录了他们成长的轨迹。下面以2021届学生的记录为例。

表9-9　群体记录的增值评价

序号	"知行课堂" 相关课程	教育基地数	参与学生数	阶段成效
1	志愿服务 ——走入社区	6个社区	294位	1. 获得"优秀社区志愿服务者"50位。 2. 10位同学在研究性课题的选题和推进中涉及此项内容。
2	志愿服务 ——走进场馆	4个场馆	294位	获得"最佳讲解员"15位、获得"优秀科创客"15位。
3	职业体验 ——走上岗位	学校、邮局、检察院、银行、医院、派出所6个单位的若干岗位	294位	1. 获得医院"最佳导引员"5位。 2. 获得学校"校园小先生"5位。 3. 获得派出所"优秀值岗员"5位。 4. 获得银行"大厅小经理"5位。 5. 获得检察院"我是书记员"5位。 6. 获得邮局"分件派送小高手"等荣誉称号5位。 7. 每位同学完成个人职业规划报告。

（续表）

序号	"知行课堂"相关课程	教育基地数	参与学生数	阶段成效
4	旅行研学 ——走访名城	绍兴、南京,韩国、加拿大等	优秀学生干部若干	1. 围绕"绍兴文化游攻略""南京红色路线""加拿大风土人情""韩国食文化"等形成学生研究课题若干。 2. 形成《机场英语交流常用语》《医院英语交流常用语》《餐厅英语交流常用语》《走近绍兴》《走近南京》等若干校本课程材料。 3. 每位参与的学生撰写研学随笔,选出 1 位同学在学校层面交流。 4. 在研究性课题的选题和推进中涉及此项内容 10 位。
5	旅行研学 ——走近名人	鲁迅、陆游、蔡元培、王羲之等	优秀学生干部若干	1. 形成相关名人诗、文、书法的文化笔记等若干校本课程材料。 2. 每位参与的学生完成读书笔记,选出 1 位同学在学校层面交流。 3. 在研究性课题的选题和推进中涉及此项内容 10 位。

这届学生走 6 个社区居委,进 4 个场馆院所,站 6 个职业岗位,访绍兴、南京,访韩国、加拿大,读鲁迅、陆游、蔡元培,呈现了丰富的成果形式,包括优秀称号、读书随笔、调研报告、研究性课题、个人职业规划报告、校本课程、升旗仪式上发言等,达成了能力的渐强和素养的渐长。随着"知行课堂"的深入和社会实践的延伸,学生与入校时的体验和经历比较,增值和成长一目了然。

3. 坚持成长导向的过程评价

我们坚持成长导向,指导学生分类整理、遴选重要活动记录、典型事实材料、活动现场照片、实践单位证明等材料,形成学生社会实践档案,纳入高中学生综合素质评价系统。以"研学旅行章"中"每个学生都有一次研究的经历"为例,评价实施过程如下:一是准备阶段,评价围绕目标内容、构思选题、调研问卷、方案计划等指标维度展开;二是实施阶段,评价围绕小组分工、参与情况、团队合作、调整实践、过程资料等指标维度展开;三是总结阶段,评价围绕研究报告、交流分享、反思小结等指标维度展开。由德育处专业教师负责实施评价整个过程,并由专职录入员按照要求将结果上传至综评网。

表9-10　研学旅行章专题过程评价表

"研学旅行章"之"每个学生都有一次研究的经历"专题过程评价表					
序号	评价过程	评价指标	评价等级		
			优秀	良好	合格
1	准备阶段	目标内容			
		构思选题			
		调研问卷			
		方案计划			
2	实施阶段	小组分工			
		参与情况			
		团队合作			
		调整实践			
		过程资料			
3	总结阶段	研究报告			
		交流分享			
		反思小结			
4	小计	12项	（　　）项	（　　）项	（　　）项

再以"研学旅行章"中的"南京考察"为例，评价实施过程如下：一是出勤纪律，二是研学成果，三是实践汇报。评价指标的引领，丰富了研学的内涵。在实施中，就第二阶段"研学成果"来看，呈现出丰富的体验式作品，如心得体会、摄影作品、电子小报、风土人情介绍、相关研究课题，融合学生地理、文学、美术、科技等多学科知识，锻炼了学生动手动脑、用眼用嘴的能力和创新的意识，增强了学生的获得感。

第三节　社会实践证评价实施的成效和反思

社会实践是基于课程的教育实践活动，是教师指导下的学生自主学习和体验。我们综合设计课程目标，使学生在教师指引下找到适合自己的学习方式和实践方式，真切地感受学习与生活的联系，把课本学习和现实生活融为一体，促进知识与实践紧密结合，提供交流反思与内省沉淀的时空保障。其中，评价是学生社会实践的重要组成部分,加强有效的社会实践评价机制建设是确保学生社会实践顺利进行和高考综合改革稳妥推进的关键环节。

一、社会实践证实施的成效和经验

(一) 以"写实"为基础,形成具体评价

学校建立学生社会实践成长档案,为评价提供了必要的基础,确保指导教师对学生的过去、现在与未来有统整的了解与认识。在实践过程中,教师要指导学生客观记录参与活动的具体情况,包括活动主题、持续时间、所承担的角色、任务分工及完成情况等,要求学生及时填写活动记录单,并收集相关实施材料,如活动照片、实践作品、研究报告等。指导教师一方面要根据学生提供的"有据可查"的活动记录、事实材料和实践情况实施评价,另一方面也要对学生的作品进行深入的分析和研究,挖掘其背后蕴藏的思想和创意,杜绝随意打分和简单排名等功利性做法。在此基础上,做出"写实"评价,在评价数据和评价语言等方面力求准确、清晰和具体。

(二) 以"发展"为导向,促成增值评价

评价的首要功能是让学生及时获得关于学习过程的反馈,因此本着"多元发展,健康成长"的办学理念,学校须对学生的社会实践活动进行阶段性评价,以便指导教师帮助学生调整或改进后续的社会实践活动。我们坚持学生成长导向,通过对学生成长过程的观察、记录、分析,促进学校及教师把握学生的成长规律,了解学生的个性与特长,不断激发学生的潜能,为更好地促进学生成长提供依据。我们创新评价工具,依托"上海大学基础教育集团中小学生综合素养测评系统""问向"等测评工具实施综合素质测评。以上大集团测评系统为例,中学段包括健康生活、社会参与、科技与信息素养、语言与社交能力和人文关怀能力五个部分。学校发挥平台作用,利用人工智能和大数据等现代信息技术,探索开展学生各年级社会实践全过程的纵向评价和德智体美劳全要素的横向评价。

(三) 激发"主体"活力,唤醒学生本位意识

班主任和社会实践基地的指导教师作为社会实践的重要指导者和参与者,对学生实践过程中的整体表现有着关键性的发言权。无论是互评、小组评价还是教师评价都是以第三方的视角对学生的社会实践进行评价,关注的重点在于学生的外在表现。但是在社会实践中,学生无疑是不可替代的主体,因此社会实践评价必须要凸显学生的主体性。即便多元评价中有"自评"项目,但往往只是停留在"资料收集"的层面。鉴于此,学校在开展社会实践评价时更应该关注学生的自我评价。自我评价是学生对自身社会实践的一种评价,其中描述性评价是学生参与社会实践活动后的最真实的体验和想法,应该得到认可。学生由被评价者变为评价者,实现了评价的主客体统一,关注

自我评价体现了评价机制对学生个体发展的尊重。当然,由于思想认识、标准要求各不相同,相同的表现在不同的学生自我评价中会有不同的效果,这就需要教师多维度观察分析、梳理汇总,强调评价的系统性和专业性。学校和教师要坚持主体性原则,激发学生的主体意识,使学生积极参与到评价中来,更要善于倾听学生个体的真实感受,从而使学生社会实践评价更具增值性和个性化。

（四）融合"知行"理念,打造学生多元体验

在社会实践证评价实施的探索中,我们凸显"六章"评价内容为典型的"知行课堂",记录了学生社会实践全过程。以"志愿服务章"和"职业体验章"为例,经过多年积累,学校建立了12个社会实践基地、培育了16个职业体验项目和岗位内容,尽可能注入适合校情、学情的多元化体验。

表9-11 职业体验章评价实施的实践基地及岗位内容

实践基地	实践岗位内容
1. 呼玛三村第一居委会	我是居委小干部
2. 呼玛三村第二居民区	我是居委小干部
3. 张庙街道通河一村居委	我是居委小干部
4. 张庙街道通河二村居委	我是宣传员
5. 张庙街道通河三村居委	我是宣传员
6. 张庙街道通河四村居委	我是安全员
7. 上海张庙环境卫生服务有限公司	我是一天保洁员
8. 上海市闸北区沁怡敬老院	我是老人的开心果
9. 宝山分局交警二支队	我是小小交通志愿者
10. 叮咚幼稚园	我是小先生
11. 仁和医院	我是导医
12. 玻璃博物馆	我是场馆管理员
13. 宝山区检察院	我是书记员
14. 长江路社区卫生中心	我是小天使
15. 张庙邮政局	我是投递员;我是邮政工作人员
16. 张庙农业银行	我是银行工作人员

以"研学旅行章"为例,我们采用市内与市外、国际与国内相结合的方式开展。由于安全、经费等问题,实施短期主题德育活动或研学旅行教育相结合的方式,关注具体情况和形势变化,学校建立以下若干场馆、文化名城和红色研学旅行线路。

表 9-12　研学旅行章评价实施的实践内容及安排

年级	研学(考察)地	时间
高一	市内场馆	一天(上半年)
高一	市内场馆	一天(下半年)
高二	市内场馆	一天(上半年)
高二	市内场馆	一天(下半年)
高三	市内场馆	一天(下半年)
高二	南京考察	三天二晚
高一、高二	绍兴考察	二天一晚
高一	韩国研学	五天四晚
高一	加拿大研学	15 天

　　实施过程中,我们细致思考"研""学"各个环节。如"南京考察",行前我们请学科教师对南京的风土人情、地理地貌等进行介绍,使学生初步走近南京。以南京历史为例,分别从悠久的历史、屈辱的历史、黑暗的历史、革命的历史、发展的历史五个方面做全方位介绍,为学生的实践活动做好知识与情感准备。每个班级以考察小组为单位,查阅和收集以"南京的历史沿革""南京的地理风貌""南京的名胜古迹"为主题的资料,设计调研课题。

　　我们借助社会实践、职业体验、研学旅行等活动引导学生用自己的眼睛观察社会,用自己的心灵感受社会,用自己的思考探究社会,从与自然、历史和社会的接触中获得更真实的自我体验,从而使学生的人格得以完善,情操得以滋养。

二、社会实践证实施的总结反思

　　学校推行实践评价,通过以评促建,以评促改,推进学生社会实践活动开展形成良好的发展。在社会实践证评价实施的过程中,我们发现如何优化评价指标体系和客观看待"大数据"两个方面,需要进一步改善提升。

(一) 评价指标体系的构建有待进一步完善和优化

　　学校以"知行课堂"为载体,聚焦"六章"构建社会实践证指标体系,无论是单个指标,还是整体架构,设计及选择都遵循科学性、可操作等原则,能够客观真实地指向从不同的侧面反映"社会实践"这个主系统和"六章"这个子系统的主要特征和状态。

　　但是各个指标之间的逻辑关系和内在联系还有待进一步清晰和严谨,各个指标在内容架构的典型代表性上,在指标表述上的简单明了和微观性上,在数据统计的便利性,以及在提高结果的可靠性等方面,尚需在今后的动态实施中进一步完善,处理指标间的独立性和全面性之间的矛盾的难题,也有待进一步研究,包括指标体系构建和后续进行统计分析的协调性等方面,都需要进一步提升。

(二)"大数据"分析的理性素养有待进一步培育和提升

大数据分析是一把双刃剑,需要教育者的理性智慧。

一方面,大数据分析的魅力辐射于教育领域呈现显性化趋势。在社会实践证评价实施的过程中,我校利用"上海大学基础教育集团中小学生综合素养测评系统""问向"等测评工具,采集学生多样化信息进行后续的分析和评价。尊重和利用测评结果,引导学生学会规避短板,定向探索优势专业进而聚焦目标,从而促使学生认识自我、规划人生,积极主动地发展,有利于学校把握学生成长规律,转变学生培养模式。

另一方面,我们也应该清醒地认识到,过度或是绝对依赖测评数据,偏见和机械也会随之产生。完全对"数字驱动"的世界俯首称臣,各个环节上冰冷死板地囿于数字化信息、技术和程序,与教育的灵感和创意、教育的发展性和可能性背道而驰。

所以,面对测评系统提供的信息数据,我们要发挥大数据和人工智能的助力作用,筛选和识别大数据,理性看待实践评价的数据,感性思考实践评价的意义,依托数据又慢慢挣脱数据的束缚,为了评价又远远超越评价的意义,这是"数字化转型"大背景下认识"评价"手段的理性素养。

通河中学以"知行课堂"为例,探索社会实践证的评价实施,依托课题、项目、课程和活动等载体,整合社会资源,持续开展各类社会实践活动,聚焦"争六章"活动,点面双赢,成效初显,学生们参与度广,认同度高,获得感强。我们以评促进学生融入社会,感触生活,磨炼自我,以评提升学生的社会适应能力,培养学生的家国情怀和社会责任感。在更好地参与社会实践过程中,我们鼓励学生与不同文化背景的人进行开放、得体和有效的互动交流,开拓国际视野,培养全球素养,为新时代社会培养"合格健康的社会中坚力量"。

2020年10月13日,中共中央、国务院印发了《深化新时代教育评价改革总体方案》,通河中学认真学习并贯彻落实文件精神。学校紧紧抓住"评价"这一杠杆撬动教师发展和改革推进,坚持问题导向,坚持破立并举,更好地坚持科学性和发展性,以评价促进课程建设,提升学生综合素养。在"改进结果评价,强化过程评价,探索增值评价,健全综合评价"上施力,不断推进和完善社会实践证评价实施的路径和策略,为高中学生综合素质评价提供来自普通高中学校一线的校本化实施经验,为同类学校提供可资借鉴的典型案例,学校也在社会实践课程评价的探索和优化中不断提升办学品质。

第十章　基于教育评价改革的育人反思与展望

中共中央、国务院印发的《深化新时代教育评价改革总体方案》，是我国第一个关于教育评价系统性改革的文件，对于全面贯彻德智体美劳五育并举的教育方针，树立科学的发展观、人才成才观和选人用人观等都具有划时代的重大意义。总体方案中指出："树立科学成才观念。坚持以德为先、能力为重、全面发展，坚持面向人人、因材施教、知行合一，坚决改变用分数给学生贴标签的做法，创新德智体美劳过程性评价办法，完善综合素质评价体系，切实引导学生坚定理想信念、厚植爱国主义情怀、加强品德修养、增长知识见识、培养奋斗精神、增强综合素质。"[①]

第一节　专项证书制度教育探索初步成果

坚持全面贯彻党的教育方针，牢记为党育人、为国育才使命，以培养德智体美劳全面发展的社会主义建设者和接班人为主线，将其贯穿于教育评价各项任务中，这是我们新时代教育工作者的初心，也是我们必须确立并为之奋斗的育人目标。

一、"强校工程"成效显著

本基地共有五所初中强校工程实验校，根据上海市教委"建设一批双名工程实验校，助力百所公办初中强校工程实验校"的要求，这五所初中实验校分别与所在区域的名校结对，通过基地攻关项目成果转化与强校工程的有机整合，提高了自身办学育人的水平。2018 年 7 月，基地校新中高级中学与基地成员校上海市华灵学校结对，力

① 中共中央、国务院.中共中央　国务院印发《深化新时代教育评价改革总体方案》[EB/OL].(2020 - 10 - 13)[2021 - 05 - 21].http://www.gov.cn/zhengce/2020-10/13/content_5551032.htm.

争通过三年努力,提升华灵学校的整体办学育人水平。近三年来,通过实施"联合培训、联体研修、联动科研"的强校策略,有效提升了强校工程实验校华灵学校的干部管理能力和教师专业能力。2020年华灵学校高中录取率为68.4%,学科总分合格率为100%,比2018年高中录取率62.5%,学科总分合格率87.5%有了较大幅度的提高,学校在"强校"的发展道路上迈出了坚实的一步。

二、攻关项目推进育人方式改革

国务院办公厅《关于新时代推进普通高中育人方式改革的指导意见》明确了当前普通高中教育的改革发展趋势,指出高中教育要进一步克服"唯分数论""唯升学论"等不良导向,实现三个转变,即从"应试"教育模式向"全面育人"模式转变,从以"升学"为目标向升学与生涯辅导相结合的目标转变,从高中"教育分层"向"分层与分类相结合"方向转化。

2018年9月全国教育大会上,习近平总书记站在党和国家事业的战略高度,阐明了五育并举,培养德智体美劳全面发展的社会主义建设者和接班人这一教育的根本目的,明确了培养社会主义建设者和接班人的重点任务,为坚持立德树人提供了根本遵循,也为现代教育的发展明确了方向。

本基地的攻关项目"建立专项证书制度,开展学生综合素质评价"的探索与实践,与国务院指导意见中提出的"突出德育时代性""强化综合素质培养""拓宽综合实践渠道""完善综合素质评价"等构建全面培养体系的基本精神和内容是一致的。通过专项证书制度在新中高级中学以及各基地成员校的实施,实现德智体美劳"五育"并举,培养全面发展而又有个性特长的学生,并为学生提供通向美好未来的通行证。

三、通向未来的专项证书

与基地的攻关项目"建立专项证书制度,开展学生综合素质评价"相对接,基地各成员校根据本校的历史传统和校情,在探索实践中形成了既符合学生成长规律,又具有学校个性特色的专项证书,致力于为学生通向未来发放"通行证"。

澄衷高级中学结合社会主义核心价值观教育以及自身传统文化特色,开展了"诚信证书"的教育评价探索,致力于培养学生的诚信意识。通河中学致力于打造学生社会实践大课堂,以"知行课堂"为载体,通过"社会实践证书"的探索,培养学生的实践能力和创新素养。澄衷初级中学通过综合素质评价视角下的语文整本书阅读活动的开展,以及与之相配套的"阅读之星"专项证书的颁发,进行"融评于学,以评促学"的探索实践。虹口区教育学院附属中学通过基于"小园艺师证"的教育探索,引导学生崇尚劳动、热爱劳动、学会劳动,通过劳动教育提升学生综合素质。华灵学校以交通安全实践基地这一校园特色,基于学生综合素质评价,开展"交通安全小达人证书"活动,培养学生规则意识。虹口区教育学院实验中学以生涯适应力课程为突破口,通过"生涯发展证"活动,让每个学生在学校生活中都有获得感和成就感,努力为学生的未来生涯做好当下准备。上海市第五中学将职业体验活动与校本课程相融合,以"职业体验证"为评价手段,为学生进入未来职业世界提供更开阔眼界的机会。

攻关基地各学校基于专项证书制度的教育评价改革的相关成果分别在《上海教育》和《现代教学》上刊发,《上海教育》还做了《以综评促发展 高中育人的新中之探》的专题介绍,在全市范围内起到了一定的示范作用。

国家督学、上海市教育学会会长尹后庆考察了攻关基地的成果后指出:"基地团队设置的各类证书,经过精心设计和架构,可以对学生起到较好的引导激励作用,促进其个性发展。""近年来新中高级中学和攻关基地其他成员学校的发展,也再次印证了:只要思路明确、措施有力,教育评价就能成为学校内涵发展新的增长点。"

第二节 教育评价改革和中国教育现代化的展望

2019年2月,中共中央、国务院印发《中国教育现代化2035》,提出了中国教育发展的新目标,到2035年总体实现教育现代化,迈入教育强国行列,推动我国成为学习大国、人力资源强国和人才强国,为到21世纪中叶建成富强、民主、文明、和谐、美丽的社会主义现代化强国奠定坚实基础。

攻关基地不忘初心、牢记使命,把立德树人的根本落实到办学实践中,推进基于专项证书制度的教育评价改革,以评价促育人,德智体美劳五育并举,培养和发展学生的核心素养,促进学生全面发展基础上的个性发展。

一、专项证书制度教育探索的再思考

近年来,基于专项证书制度的教育评价改革在新中高级中学实施,并通过"双名工程"攻关基地合力进行探索与实践,取得了一定成果。但是,教育评价改革作为一个世界性难题,涉及不同主体,这一改革不可能一蹴而就,尚有不少待改进之处。

(1)尽管专项证书制度基本涵盖了《国务院关于深化考试招生制度改革的实施

意见》以及《上海市深化高等学校考试招生综合改革实施方案》中学生综合素质的相关内容，即品德发展与公民素养、修习课程与学业成绩、身心健康与艺术素养、创新精神与实践能力，但专项证书作为学生的成长性证书，如何更科学地界定证书的类别，从而制定出比较符合学生成长规律的发放标准，即学生的能力发展、素养水平达到怎样的标准才能获得相关证书，这些方面还有待我们进一步探索与实践。

（2）在互联网时代，大数据与人工智能迅猛发展，对教育产生了重大影响。越来越多的教育教学行为将不再局限于经验而更加关注具有信度的科学数据，这对教育评价而言，既是挑战也是机遇。攻关基地基于专项证书制度的学生综合素质评价改革，如何在大数据背景下，科学有效地处理好定性与定量、线上评价与线下评价、结果性评价和增值评价等方面的关系，并且在评价过程中加强对学生的诚信教育，使评价的结果更有信度，更有效地实现以评促教，通过评价促进学生的发展，这是一个亟待解决的课题。

（3）基地校新中高级中学作为较早进行高中生综合素质评价改革的上海市实验性示范性高中，如何在进一步探索与实践中，建立起一个专项证书实施评价的范式模型，供其他学校参考实施，这也需要进一步研究和实践。尤其是，本基地的学校，除了新中高级中学、澄衷高级中学和通河中学三所高中之外，还有初中学校。不仅高中学校与初中学校情况各异，即使是同一学段的学校也有不同的历史传统和校情，如何在根据"立德树人"根本任务，聚焦培育学生核心素养共性的基础上，"一校一策"地根据各自学校的特色，建立适合自己学校发展的教育评价范式模型，是当务之急。

（4）在一场突如其来的没有硝烟的战"疫"中，教育工作者进一步认识到生命教育、科学教育、心理健康教育、爱国主义和集体主义教育的重要性和迫切性。然而审视学校教育，这方面是否真正为学生喜闻乐见并落到了实处，尚有不尽如人意之处。人的现代化离不开人与人、人与自然、人与社会的和谐共处，更离不开"人之为人"基本素养的教育和保障。如何营造一个良好的教育生态，运用专项证书制度促进和引导学生这些素养的形成和发展，这是时代赋予我们教育工作者义不容辞的担当和使命。

二、教育现代化的展望

（一）探求新时代教育"三重转型"

1. 以"云课堂"引领教育从传统手段走向数字化

教育的变革总是与时代的发展共振，当前新一轮工业革命及其带来的社会发展新样态正在深刻重构教育的理念与方式。由此带来个性化、数字化、远程化、定制化、差异化、分散合作、扁平式组织结构等新的教育理念①,由此对目前学校的发展产生革命性的影响,催生了未来学校的到来与发展②。未来学校有诸多特征,但是数字化、信息化技术的广泛运用是其基本特征之一。今天的在线"云课堂",让我们告别了曾经的粉笔+备课本+教材,取而代之的是鼠标+电脑+数字化的教学资源包,教育正从传统走向数字化。

在线"云课堂"是教育系统的课堂变革,也是教育自身顺应时代大趋势、大机遇和大挑战的一场自我浴火重生。主动拥抱教育的数字化时代,是每一位教育人应尽的责任。不论是教育管理者还是教师,都应该认识到信息技术深度融入课程与教学的现实必要性和紧迫性,在信息化教学实践中推动教育理念与路径的转型。

2. 以"云课堂"引领教育从"流水线"走向"个性化"

人才培养的个性化是教育变革的重要价值追求,从近年来的研究与实践看,信息技术的充分运用是推动人才培养个性化的重要思路。在"云课堂"的教育模式下,教育从地域坐标位置走向云空间的时代,学校的围墙被打破,学生的成长方式被重构。居家在线学习让学生有了更多的自我支配时间,也在客观上为不同发展层次的学生提供了个性化成长的空间与可能。在"云课堂"的在线教学实施中,教师普遍采取课前打卡、课中连线、课后线上批改作业等方式确保学生的学习参与质量,但是对于如何依托"云课堂"实施精细个性化教育,实现"一生一方案"的精细化管理,显然更需要进一步探索。

3. 以"云课堂"引领教育从"有为"走向"善为"

放眼全球,基于信息技术重新设计学校以应对未来挑战,已成为各国推进教育发展的重要举措。这种变革表面上的困难是信息技术的运用,但更深层的挑战却在于教育本身,必须要颠覆传统的教育结构与模式,对学校教育形态进行新的设计。③ 疫情的爆发及其带来的线上教学,让我们以一种不曾预料的方式与这种变革相遇。原本学校基于线下治理形成的课程、教学、管理、德育等学校治理方案及其相关的实践层面的扎实"有为"突然被教与学模式的变革消解。教育的危机往往蕴含着变革的契机,学校管理者的最大智慧与勇气就是结合教育形态的变化实现组织与领导的动态变革,实现从学校管理"有为"到"善为"的升华。

(二) 抓牢教育改革的"牛鼻子"

1. 进一步开展提升学生核心素养的实践性循证研究

循证是一种利用证据追求实践科学化和专业化的价值观,是一种重视证据指导实

① 周洪宇,鲍成中.第三次工业革命与人才培养模式变革[J].教育研究,2013,34(10).
② 罗生全,王素月.未来学校的内涵、表现形态及其建设机制[J].中国电化教育,2020(1).
③ 朱永新,《新技术革命与未来教育方式变革》,发表于微信公众号"中国教育三十人论坛"(2020-03-06).

践的理念,是一种运用证据解决实践中问题的思维,是一种基于证据开展专业实践活动的指导原则,是一种基于证据推动实践的专业依据。[1] 静安教育近年来致力于全国教育科学教育部重点课题"深化教育个性化:发达城区提升学生核心素养的实践性循证研究"的探索,基地校新中高级中学作为参与学校,将与基地成员校一起结合基地攻关项目,深入开展这方面的研究与实践,为静安教育提供可供借鉴的行动样式,为上海教育和中国教育的改革创新发展贡献智慧和力量。

2. 积极探索跨学科教学改革实践

跨学科教学是基于多元智能理论的教学新思路。积极探索跨学科教学是深化课程教学改革的重要方向,也是落实立德树人根本目标,实现育人方式改变,提升学生核心素养的重要途径。近年来,基地校新中高级中学"行走的教室——跨学科深度学习新空间"的探索实践,打通学校与社会、中学与高校的界限,将不同的学科相融合,引导学生在开放性的"大课堂"中学会知识的建构。同时在学习建构的过程中认识社会,认识中国和世界,从而促进学生树立责任感和使命感。今后要在此基础上向两个维度延伸:一是进一步构建学校的"跨学科课程",并加强课程评价的改革探索,以课程评价促进跨学科课程的实施与完善;二是由学校的探索进而延伸到基地的探索,通过课程共享,发挥基地校的示范辐射作用,引导基地成员校因校制宜开展跨学科教学研究,切实推进课程教学改革,为培养创新人才做出贡献。

3. 深入进行"双新"背景下的"大单元教学"研究

新课程、新教材的实施,需要学校在课程建设、教学改革和教学评价等关键领域进行积极探索,从而推进育人方式变革,促进学生学科核心素养的发展。

大单元教学是指基于学科核心素养、学生认知规律和学科知识逻辑体系而建构的学科教学单位。要引导教师认真研读新课程、新教材,通过研究单元对应的学科素养和需要掌握的核心知识,聚焦学生的发展,在教材原有内容的基础上,对单元的重要知识进行新的建构,形成新的知识体系,促进学生核心素养的形成和发展。因此,大单元教学不仅是一种新的教学方式,更是一种新的教育思想,是新时代培养具有适应终身发展和社会发展需要的人才的育人要求。作为新时代的教师,必须在这方面有所追求和作为。

(三) 高举"立德树人"的时代大旗

1. 探索创新人才培养之路

《中国教育现代化2035》提出了建成教育强国、人才强国的目标,这需要培养一批

---

[1] 朱旭东,朱志勇.构建循证教育体系 推动教育决策和实践科学化专业化[N].光明日报,2020-09-01(13).

德智体美劳全面发展的具有创新精神与实践能力的优秀人才。因此,搭建创新人才培养的平台和顶层设计培养创新人才的课程就显得尤为重要。

2021年2月25日,教育部与上海市人民政府在京举行共同全面深化上海市教育综合改革工作推进会,深入学习贯彻党的十九届五中全会精神和习近平总书记关于教育的重要论述,签署新一轮战略合作协议,推动部市共建合作,在"十四五"新起点、新征程上开新局。教育部希望上海担当全国教育改革的探路者、引领者和示范者,提供更多可复制、可推广的经验做法。

基于专项证书制度的学生综合素质评价改革,其初衷和最终目标是一致的,那就是落实立德树人的根本目标,德智体美劳五育并举,聚焦学生的核心素养,培养全面发展且有个性特长的社会主义建设者和接班人。近年来,上海教育构建各学段一体化纵向衔接,课堂内外、线上线下横向贯通,学校、家庭、社会协同融合的全员、全程、全方位的"三全育人"格局。目前我们攻关基地内既有高中学校,也有初中学校。在静安区教育局的关心支持下,正在进行"初高中一体化创新人才培育"的探索与实践。

2. 教育现代化的核心是人的现代化

教育现代化的核心是人的现代化,在于培养德智体美劳全面发展的社会主义建设者和接班人。为实现立德树人这一教育的根本目的,作为育人者的教师必须增强教书育人的责任感和使命感。兴国必先强师。教师承担着传播知识、传播思想、传播真理的历史使命,肩负着塑造灵魂、塑造生命、塑造人的时代重担,是教育发展的第一资源,是国家富强、民族振兴、人民幸福的重要基石。①

建设教育强国,是中华民族伟大复兴的基础工程。加强教师队伍建设既是永恒的主题,又是新时代的要求和呼唤。争做"有理想信念、有道德情操、有扎实学识、有仁爱之心"的"四有"好教师②,努力"做学生锤炼品格的引路人,做学生学习知识的引路人,做学生创新思维的引路人,做学生奉献祖国的引路人"③。我们将始终牢记立德树人的理想追求和使命担当,为中国教育和上海教育的美好明天贡献力量。

　　① 中共中央,国务院.中共中央 国务院关于全面深化新时代教师队伍建设改革的意见[EB/OL].(2018-01-20)[2021-05-21].http://www.gov.cn/zhengce/2018-01/31/content_5262659.htm.

　　② 新华网.习近平同北京师范大学师生代表座谈时的讲话(全文)[EB/OL].(2014-09-10)[2021-05-25].http://www.chinanews.com/gn/2014/09-10/6575002.shtml.

　　③ 新华社.习近平总书记在北京市八一学校考察时的讲话引起热烈反响[EB/OL].(2016-09-10)[2021-05-25].http://www.xinhuanet.com/politics/2016-09/10/c_1119542690.htm.

图书在版编目（CIP）数据

未来的通行证：基于专项证书制度的教育探索 / 刘
爱国等编著. — 上海：上海教育出版社，2021.11
ISBN 978-7-5720-1201-3

Ⅰ.①未… Ⅱ.①刘… Ⅲ.①高中－教育研究－上海
Ⅳ.①G632.0

中国版本图书馆CIP数据核字(2021)第213025号

责任编辑　茶文琼
封面设计　蒋　妤

未来的通行证——基于专项证书制度的教育探索
刘爱国　等　编著

出版发行　上海教育出版社有限公司
官　　网　www.seph.com.cn
地　　址　上海市闵行区号景路159弄C座
邮　　编　201101
印　　刷　昆山市亭林印刷有限责任公司
开　　本　700×1000　1/16　印张　11
字　　数　203千字
版　　次　2021年11月第1版
印　　次　2021年11月第1次印刷
书　　号　ISBN 978-7-5720-1201-3/G·0941
定　　价　45.00元

如发现质量问题，读者可向本社调换　电话：021-64373213